제주도 향교 답사

제주도 향교 답사

초판 1쇄 발행 2020년 7월 24일

지은이 지태승
펴낸이 장길수
펴낸곳 지식과감성#
출판등록 제2012-000081호

디자인 박예은
편집 박예은, 윤혜성
교정 김연화
마케팅 고은빛

주소 서울시 금천구 벚꽃로298 대륭포스트타워6차 1212호
전화 070-4651-3730~4
팩스 070-4325-7006
이메일 ksbookup@naver.com
홈페이지 www.knsbookup.com

ISBN 979-11-6552-329-9(03910)
값 23,000원

ⓒ 지태승 2020 Printed in Korea

잘못된 책은 구입하신 곳에서 바꾸어 드립니다.
이 책의 전부 또는 일부 내용을 재사용하려면 사전에 저작권자와 펴낸곳의 동의를 받아야 합니다.

이 도서의 국립중앙도서관 출판예정도서목록(CIP)은 서지정보유통지원시스템
홈페이지(http://seoji.nl.go.kr)와 국가자료공동목록시스템(http://www.nl.go.kr/kolisnet)에서
이용하실 수 있습니다. (CIP제어번호 : CIP2020031077)

홈페이지 바로가기

제주도 향교 답사

지태승 著

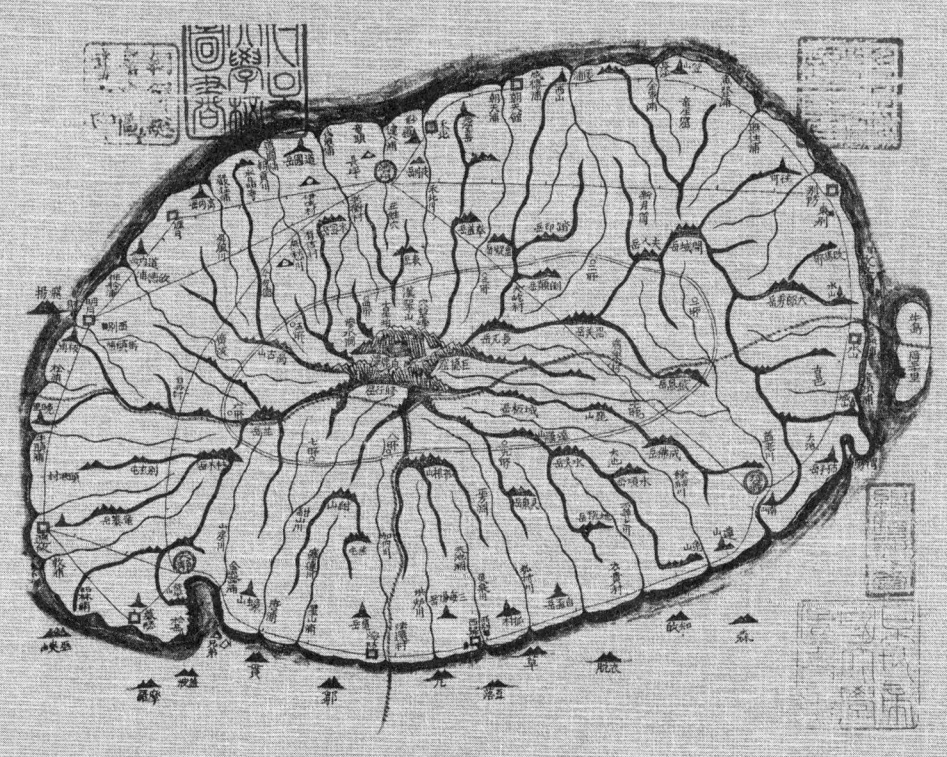

저자 소개

지태승 池泰承

제주 출생으로 제주대학교와
동 대학 산업대학원을 졸업하였다.
건축사와 문화재실측설계기술자 자격증을 취득하여
문화재 현장에서 실측조사 및
보수·복원 설계를 담당해 오고 있으며,
제주지역의 문화유산을 비롯한
한옥 및 초가 등에 대한 조사연구도
지속해 나가고 있다.

머리말

　향교는 고대부터 현대까지 천 년이 넘는 세월 동안 우리 역사를 관통하면서 민족의 예속과 의례, 그리고 정치이념에까지 두루 얽혀 있는 영역이다. 이런 향교가 제주지역에서는 어떻게 형성되고 전개되었으며, 또 그 원형은 어떠했는가에 대한 본질적인 과제를 문화재 보존 시각에서 살펴보려는 것이 본 저술의 목적이다. 현대 제도의 급격한 흐름 속에서, 조선조에 조영된 제주의 문화유산 가운데 고유원형과 향토성을 온전히 간직하고 있는 유산들은 안타깝게도 그리 많지 않다. 문화재로 지정되지 못한 많은 향토유산들이 각종 개발로 인하여 파괴되거나, 개인의 재산권과 보존 정책 간 서로 접점을 찾지 못한 채 표류하다 보존 시기를 놓치는 경우도 허다하다. 문화유산은 하루아침에 완성되어진 것이 아니다. 오랫동안 켜켜이 쌓여 온 지역민들의 손때와 시대를 뛰어넘는 희로애락이 담겨 있음에 그 자체로서 의미를 가진 아름다운 감정선의 조합이자 정서적 소산이다. 그렇지만 현대적 규범 혹은 편협된 시각을 갖고 문화유산을 바라보면 미완성된 산물로만 보이기 때문에 지나친 현대규범의 타협적 시각은 경계되어야 한다고 본다.
　문화재에 녹아 있는 시대적 흐름을 읽고 다양한 각도에서 세부 기법을 비롯한 특징적 요소들을 찾아보기 위한 답사에서는 해당 문화재에 대한 사전 조사는 매우 중요하다. 본 저술에서는 사전 조사에서 필요한 정보를 공유하고 문화재 실무자로서의 내용을 충실히 담으려고 노력하였다. 필자가 향교에 관심을 갖게 되고, 또 문화재 설계 업무를 접하게 된 계기는 유년 시절 외조부(外王父)님과 함께 대정향교를 찾았던 기억에서부터 시작되었다. 필자는 어릴 때 외탁으로 자라게 되었는데, 1960년대 대정향교 전교(典校)를 역임하신 외조부님께서 여러 면에 걸쳐 많은 영향을 주신 것 같다.

미력하나마 이 책으로 인하여 제주지역 향교에 대한 애정과 관심이 늘어나고 또 우리 지역 문화재의 원형 보존을 위한 노력에 작은 도움이 되었으면 하는 바람이다. 또 이 저술에서 미진하거나 다루지 못한 과제는 추후 보완하고 수정해 나갈 계획이다.

끝으로 졸고가 완성되기까지 많은 조언과 관심을 아끼지 않으신 문화재청 전문위원 신석하 교수님과 제주대학교 건축학과 박철민 교수님 그리고 자료 수집에 도움을 주신 제주특별자치도 세계유산본부 관계자 분들께도 깊은 감사의 말씀을 드린다.

2020년 6월 한적한 일터에서

저자 지 태 승

목차

머리말   5

Ⅰ. 향교의 개관(槪觀) ─── 9
1. 향교의 기원과 발달   10
2. 설위(設位) 형식과 배향(配享)   29
3. 향교의 기능   51
4. 향교의 공간구성   58
5. 제주도 삼읍(三邑) 연혁   63

Ⅱ. 제주목(濟州牧)의 유학 중심 제주향교 ─── 71
1. 계성사(啓聖祠)   93
2. 대성전(大成殿)   110
3. 명륜당(明倫堂)   121
4. 전사청(典祀廳)   126

Ⅲ. 추사(秋史)를 품은 대정향교 ─── 129
1. 대성전(大成殿)   140
2. 명륜당(明倫堂)   149
3. 동재(東齋)와 서재(西齋)   154

Ⅳ. 천년 고목의 향(香) 정의향교 ─── 161
1. 대성전(大成殿)   177
2. 명륜당(明倫堂)   186
3. 동재(東齋)와 서재(西齋)   189

Ⅴ. 소결 ─── 193

부록   197
참고문헌   249
색인   251

済州

巖莊浦　朝貢川　岳圓道　長坪　　副夜
　　　水晶寺　　　　　　　　　　禾北川
　　　　　伊佥村　老衡村　三姓穴
屏風川　　　　　木密岳　　　　　岳蓋奉
　　　　有信村　無愁川　　　岳表　　〇三所
　　　今勿德　　　　　漢挐山　穴望峯
　　　　　　〇四所　十星坮
　　　　〇五所　　滲水洞　　　　　　岳凡
　　　　高古山　　白鹿潭　　　巨隱窟
當陵
　　　　　　　　　　修行穽
　　〇六所
　　　　岳並　　　　　　　〇八所
柿　　　　　七所
　　　　　　　　　　　　孤根山　　芳淵
　　　　　　　紺山
　　　　　紺川
山房川　　　寒達川　　蒸屯　加內川　天池淵
金盤浦　　　　　　　　　　　　　　　泉

I
향교(鄕校)의 개관(概觀)

I. 향교의 기원과 발달

　유교(儒敎)는 공맹(孔孟)을 중심으로 한 인륜사상으로서, 수천 년간 불교, 도교와 더불어 동양사상의 핵심을 이루고 있는 사조(思潮)이다. 또 인문사상을 바탕으로 하여 개인의 인격수양과 인류의 상생을 창조하고자 하는 수기치인(修己治人)의 학문이기도 하다. 향교의 설립 배경인 유교는 지금으로부터 약 3천여 년 전 춘추전국시대(春秋戰國時代, 기원전 770~기원전 403)[1] 말기에 공자(孔子, 기원전 551~기원전 479)에 의해서 집대성된 가르침이자 철학사상을 종교적인 관점에서 보아 일컫는 총칭인데, 유학(儒學), 성리학(性理學), 주자학(朱子學) 등 수십 가지 명칭으로 불린다.

　고대부터 우리나라는 정치·사회·문화 전반에 걸쳐 인접국인 중국의 직접·간접적 영향을 받아 왔다. 유교 또한 언제 우리나라에 전래되었는지에 대한 명확한 기록은 없으나, 태학(太學)이 설립된 삼국시대에 중국에서 전래된 것으로 보는 견해가 강하다. 그러나 한자가 전래된 고조선시대에 유교가 도입되었다는 설도 상당한 설득력을 얻고 있다. 즉 위만조선(衛滿朝鮮)과 한사군(漢四郡) 시대 이래 중국 한나라의 문물제도와 한자로 기록된 유교경전이 함께 이식되었다고 하는 주장이다. 『삼국지(三國志)』 「동이전(東夷傳)」에 인용된 『위략(魏略)』의 기록[2]에 따르면 연나라(燕國) 소왕(昭王, 기원전 311~기원전 270) 29년(기원전 283)에 조선(朝鮮) 후왕(候王)이 연나라와 국제 외교관계를 행하였다고

---

[1] 중국의 오랜 분열기로서 춘추시대(B.C.770~B.C.403)와 전국시대(B.C.403~B.C.221)로 나뉜다.
[2] 《魏略》曰: 昔〈箕子〉之後〈朝鮮侯〉, 見〈周〉衰, 〈燕〉自尊爲王, 欲東略地, 〈朝鮮侯〉亦自稱爲王, 欲興兵逆擊〈燕〉以尊〈周〉室. 其大夫〈禮〉諫之, 乃止. 使〈禮〉西說〈燕〉, 〈燕〉止之, 不攻….

하는 사실에서 당시 한자와 함께 그 속에 내포한 유교사상이 전래되고 습득되었던 것으로 추정되는 것이다.

당초 정치철학적인 측면에서 도입된 유교사상은 우리나라 유학자들에 의해 고유문화와 융화되면서 발전시켜 왔고 이런 독자적인 사상은 우리 한민족의 정치 유형뿐만 아니라 가치규범과 생활 전반에 걸쳐 큰 영향을 끼쳐 왔다. 즉 장례와 혼례, 제사 등의 모든 풍습과 사회규범에 유교예법이 반영되어 온 것이다. 이렇듯 수양과 실천을 기본으로 한 사상적 배경은 서양의 근대 학문과는 다른 동양적 학문체계를 형성하여 왔다. 비록 유학이 중국에서 발원하기는 하였지만 모든 면을 그대로 수용한 것은 아니었다. 중국 유학과 한국의 사상적 경향이 달라서 반발한 측면도 많았기 때문에 한국 특유의 사상적 구조를 가지고 유학을 선별 수용하였다는 점이 한국 유학의 특징이라 할 수 있다.

또 한국의 사상은 고대로부터 종교적 신비 요소가 우리 민족성 속에 흘러왔으므로, 단순히 인간세계의 합리적 측면만 가지고는 만족하지 못하는 민족적 기질이 있다. 더구나 중국적 인본주의나 합리적 유교사상만 가지고는 한국인의 정서를 만족시킬 수 없을 뿐 아니라 한국의 주변을 둘러 있는 중화족(漢族)이나 만주·몽고·왜족들의 강렬한 공세를 막아내고 생존할 수 있는 지혜와 힘이 나올 수 없었기 때문이다. 유교가 서민적·인습적·샤먼적 요소를 합리화하고 통치제도와 교육제도에서 많은 기능적 역할을 했다고 보지만, 지나친 인간 본위의 현실주의적 경향에 대해 거부 현상이 있었던 것은 어쩌면 당연한 일이라 할 수도 있다.[3]

유교에서는 천(天)·지(地)·인(人) 삼재가 그 사상 구조를 이루고 있다. 경전으로는 사서삼경(四書三經)과 사서오경(四書五經)이 있는데, 『논

---

3 柳承國, 『韓國儒學史』, 2008, P.28.

어(論語)』, 『맹자(孟子)』, 『대학(大學)』, 『중용(中庸)』을 사서(四書)라 하며, 『시경(詩經)』, 『서경(書經)』, 『주역(周易)』을 삼경(三經)이라 한다. 오경(五經)은 한대(漢代)의 오서(五書)에서 기원한 것인데, 삼경에 『예기(禮記)』와 『춘추(春秋)』를 더한 것이다. 유교에 대한 명칭은 매우 다양하게 불리기 때문에 혼동이 생기는 경우가 많다.

이론적 관점에서 본 유학(儒學), 실천적 특성이 강한 유도(儒道), 실천 방법에 중점은 둔 유술(儒術), 인물에 중점을 둔 유림, 유생, 유가 등이 있다. 또 중심 학자를 대표히는 의미로는 공자교(孔子敎), 공맹학(孔孟學), 정주학(程朱學), 주자학(朱子學)[4], 양명학(陽明學), 퇴계학(退溪學), 율곡학(栗谷學) 등이 있으며, 학문 내용으로 구분하는 성학(聖學), 예학(禮學), 실학(實學), 경세학(經世學) 등이 있다. 또 불확정된 대명사로는 사도(斯道), 사문(斯文), 사학(斯學) 등의 용어로 통칭되기도 하며, 구체적 내용으로 분류해서 성리학(性理學)[5], 이학(理學), 의리학(義理學), 도학(道學) 등으로 불리기도 한다.[6]

비록 이러한 용어들이 다양하게 혼칭되어 사용되고 있으나, 종합적인 의미로서는 유교의 영역 속에 포괄[7]된다고 할 수 있다. 특히 우리 귀에 익숙한 성리학은 인문 본연의 성(性)의 원리를 밝힌다는 데서 나온 것인데, 충렬왕(忠烈王, 1236~1308) 15년 안향(安珦)이 원(元)나라에 가서 주자전서(朱子全書)를 베끼고 공자와 주자의 상(像)을 그려 와서 교육

---

4 남송(南宋)의 유학자 주희(朱熹, 1130~1200)가 최종 집대성한 학문이다. 신유학(新儒學) 또는 송학(宋學)이라고도 한다.

5 송대(宋代, 960~1279)의 사대부층에 의하여 성립된 유학 사상체계이며, 공자와 맹자의 사상을 성리(性理)와 의리(義理), 이기(理氣) 등의 형이상학 체계로 해석한 학문이다.

6 柳承國, 前揭書, 2008, P.30.

7 吳錫源, 儒敎와 韓國儒學, 2014, P.30.

사상과 교육제도를 새로 정립함으로써 전래된 것이다.[8]

　유교를 창시한 개조(開祖) 공자는 기원전 551년 10월 경자일(庚子日)에 지금의 중국 산동성(山東省) 곡부(曲阜)에서 하급 귀족 무사인 부친 숙향흘(叔梁紇)과 모친 안징재(顔徵在) 사이에서 출생하였다.

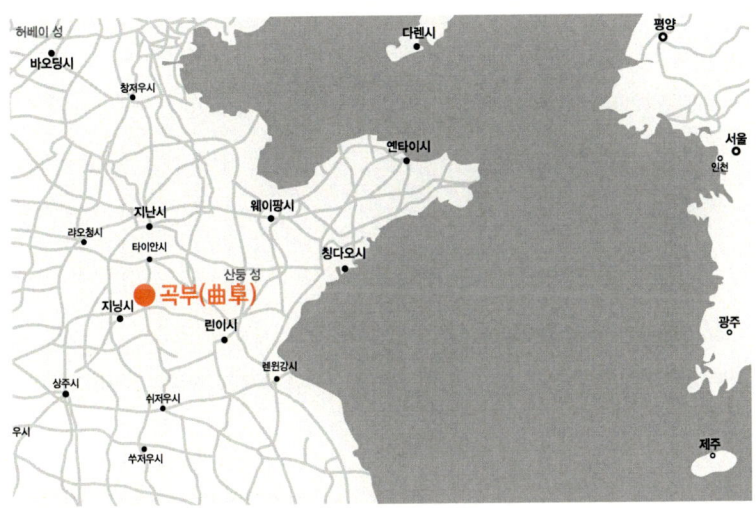

〈그림 1〉 중국 산동성 곡부 위치

　어릴 때 부친을 여의고 홀어머니 밑에서 엄격한 가정교육을 받아 자란 공자는 춘추전국시대 노(魯)나라의 여러 벼슬을 거치면서 많은 공적을 세웠고, 이론과 실천을 겸비한 정치가로서 명성을 얻어 많은 제자들을 거느리고 전적의 편찬과 제자 교육에 심혈을 기울였다. 73세(기원전 479)에 생을 마치면서 그의 가르침은 제자들에게 전파되었고 전국시대에 이르러 맹자(孟子)와 순자(荀子)에게로 계승되면서 공자의 사상은 더욱 확대되게 되었다.

　공자의 사상이 주목받았던 이유는 종래의 신(神) 중심의 사고에서 인

8　濟州儒脈六百年史編纂委員會, 『濟州儒脈六百年史』, 1997, P.115.

간 중심의 사고로 의식을 전환시켜 주었기 때문이다. 인간에 내재된 본성을 올바르게 구현하면 인간의 올바른 삶을 구현할 수 있을 뿐만 아니라, 궁극적으로는 종교적 체득의 세계까지도 이를 수 있다고 보았던 것이다. 그렇기 때문에 공자는 올바른 태도로서의 예(禮), 올바른 가치판단으로서의 의(義), 그리고 모든 인간의 보편적 본실로 존재하는 사랑으로서의 인(仁)을 강조[9]하였던 것이다.

향교(鄕校)란 지방에 설치한 교육기관이자 공자묘이다. 즉 공자의 신위를 모신 대성전(大成殿)을 중심으로 유생들에게 경전을 교육시키는 명륜당(明倫堂)을 포함한 학교(學校)를 말한다. 또 향교를 교궁(敎宮), 제궁(齊宮), 학궁(學宮) 또는 향학(鄕學)이라고도 하였다. 향(鄕)은 서울을 제외한 지방 행정구역을 뜻하기 때문에 지방에 있는 학교라고 정의할 수 있다. 중앙에는 국립대학격인 성균관(成均館)을 두었는데, 이 성균관을 축소하여 지방에 설치한 것이라 할 수 있다.

따라서 서울에 있는 문묘를 '서울문묘(文廟)' 또는 '성균관(成均館)'이라 하고 지방의 문묘를 '향교(鄕校)'라 한다. 본래 성균(成均)은 고려 후기 충렬왕(忠烈王, 1236~1308) 때 국학(國學)[10]을 성균감(成均監)으로 개칭한 데서 비롯한다. 이때 '성균(成均)'은 「주례(周禮)」[11]의 '一掌成均之法典, 以治建國之學政'에서 연원한다. 이후 충선왕(忠宣王, 1275~1325)은 성균감을 다시 성균관으로 환원하였다.

우리나라에는 삼국시대부터 유교를 가르치는 학교(學校)가 존재하고

---

9 吳錫源, 前揭書, 2014. P.43.
10 이전에는 국자감(國子監)이었으나, 1275년(충렬왕 1)에 국학으로 개칭되었다.
11 주(周)나라와 전국시대 각 국의 정치제도 등을 기록한 예서이다. 이 책의 저술 연대에 관한 여러 설이 있으나, 전국시대에 저술되었다는 설이 가장 유력하다. 우리나라에는 삼국시대부터 정치제도 등에 관하여 이 책이 영향을 미쳤을 것으로 추정하고 있다.

있었는데, 고구려 소수림왕(小獸林王) 2년(372)에 교육기관으로서 태학(太學)을 설립하여 유교의 기본 경전인 오경(五經)과 사학(史學)을 향제자에게 가르쳤다.[12] 이는 중국의 대학 제도를 본 따서 국립대학을 세운 후 체계적으로 유교를 가르쳤다는 것을 의미한다. 태학과 국학(國學)은 국도(國都)에 건설된 관학으로서 중앙의 소수 특권귀족의 자제를 교육시키는 것으로 한정되었다. 국도를 제외한 각 지방에 관학이 설치된 것은 고려에 들어서 이루어졌다.

고려 광종(光宗, 925~975) 9년(958)에 과거제도가 처음으로 실시되고, 이를 통한 관료제를 시행하게 되자 각 지방에 학교를 설립할 필요가 생기게 된 것이다.[13] '향교(鄕校)'라는 명칭이 언제부터 사용되기 시작하였는지 정확히는 알 수 없으나, 고려 중기 고종(高宗, 1192~1259) 때 전후부터 사용된 것으로 추정되고 있다.『고려사절요(高麗史節要)』에는 공민왕 2년(1362) '구묘(九廟)의 가주(假主)를 복주향교(福州鄕校)에 봉안하였다'[14]고 기록하고 있다. 또 더 오랜 기록으로는 고려 중기의 문신이자 문인이었던 이규보(李奎報, 1168~1241)가 쓴「이세화묘지명(李世華墓誌銘)」[15]에 향교의 명칭이 나타난다.

다음은「이세화묘지명(李世華墓誌銘)」의 향교 관련 내용이다.

"경진년 봄 백령진[16]장이 되어, 청렴하고 공평하게 고을을 다스렸다.

---

12 『三國史記』卷18, 高句麗本紀 小獸林王 2年條.

13 姜大敏,『韓國의 鄕校硏究』, 1992, P.15.

14 『高麗史節要』卷27, 恭愍王 2, 壬寅十一年. "春正月. 奉安九廟假主於福州鄕校".

15 『東國李相國集』後集 卷第12, 雜著.

16 지금의 인천 백령도이다. 백령진(白翎鎭)은 1428년 강령현(康翎縣)으로 병합되었는데, 묘지명 상의 향교는 황해도의 강령향교(康翎鄕校)를 가리킨다.

그 고을에는 향교가 없었다. 군이 처음 창건하고 아전들의 자제를 모아 글을 가르치니, 몇 해 안 가서 모두 인재를 이루었으며, 공거에 응시한 자까지 있게 되어 온 고을이 그를 사모하였다."[17]

이러한 기록들로 미루어 볼 때 고려 중기 전후로 '향교(鄕校)'라는 명칭이 사용되기 시작한 것으로 보인다. 조선시대의 관학(官學)에는 서울에 성균관과 사부학당(四部學堂, 또는 四學)을 두었고, 지방에는 향교를 두었다. 또 민간교육기관인 사하(私學)은 서원(書院)과 서당(書堂) 등이 전국에 있었다.

삼국시대에 태학에서는 유교의 경전을 가르치고 충효사상을 교육하였다.[18] 백제는 오경박사(五經博士)[19]를 두어 중국의 고전인 오경을 가르쳤으며, 일본 나라(奈良)시대에 만들어진 역사서 『일본서기(日本書紀)』에는 왕인박사가 일본의 태자에게 경전을 가르친 기록이 나온다. 이처럼 우리나라에서도 삼국시대를 거치면서 교육제도가 체계적으로 정비되었음을 알 수 있는데, 이는 삼국이 중앙집권체제에 접어들면서 유교사상이 왕권강화를 위한 정치이념으로 수용되었다는 의미도 함께 지니고 있다.

신라에서는 신문왕(神文王, ?~692) 2년에 국학(國學)을 건립하여 『논어(論語)』와 『효경(孝經)』 등을 가르쳤고 화랑도에는 유교 덕목인 충·효·예·지·신이 강조되었다. 뿐만 아니라 경주에서 1934년 발견된 「임신서기석(壬申誓記石)」에는 유학의 『시경(詩經)』· 『상서(尙書)』· 『예기(禮記)』·

---

17 "庚辰春。出爲白翎鎭將。理邑廉平。此郡舊無鄕校。君首創之。集束人子弟敎以學。不數年。皆得成其才。至有應貢擧者。一郡慕之。屢騰狀褒美。".

18 柳承國, 前揭書, 2008, P.12.

19 백제시대 경서에 능통한 사람에게 내린 관직.

『춘추(春秋)』 등의 유교경전으로 학문적 소양을 쌓은 기록이 남아 있다.

고려(高麗)에서도 유학에 대한 교육은 지속되었는데, 태조(太祖) 13년(930) 서경(西京)에 행차하여 학교를 설치를 설치하고 박사관(博士官)을 두었다.[20] 이때 수재(秀材) 정악(廷鶚)[21]을 서학박사(書學博士)로 삼아 육부(六部)의 생도들을 가르치고, 문묘를 세워 제사를 지내기 시작한 것이 시초이다.

고려 중기 송나라 사절이었던 서긍(徐兢)이 1123년 고려를 견문하여 편찬한 『선화봉사고려도경(宣和奉使高麗圖經)』, 줄여서 『고려도경(高麗圖經)』에는 개성부(開城府) 국자감에 대한 특징들이 언급되는데, 그 내용은 다음과 같다.

국자감은 옛날에는 남쪽 회빈문(會賓門) 안에 있었는데, 앞에는 큰 문이 있고 편액을 '국자감(國子監)'이라고 했다. 중앙에는 선성전(宣聖殿)을 세우고 양무(兩廡)에 재사(齋舍)를 설치하여 제생(諸生)들을 거처하게 했다. 옛날 규모는 매우 협소했으나 지금은 예현방(禮賢坊)으로 옮겼으니, 학도가 많이 불어났기 때문에 그 규모를 키운 것이다.[22]

이 글에 따르면, 중앙에 선성전을 배치하고 그 양쪽으로 동무와 서무를 배치하였으며, 유생들이 머무는 재사를 설치하였다는 것이다. 또 강당에 대한 언급이 없기 때문에 이때까지는 강학공간인 강당, 즉 명륜당은 설치되지 않았던 것으로 보이며, 명륜당이라는 명칭도 사용되지 않았던 것으

---

20 『增補文獻備考』 卷202, 學校考.

21 고려 전기 유학자이며, 생몰년도는 미상이다.

22 "國子監,舊在南會賓門內,前有大門,榜曰國子監,中建宣聖殿,兩廡闢齋舍,以處諸生,舊制極隘,今移在禮賢坊,以學徒滋多,所以侈其制耳."

로 추정된다. 하지만 『신증동국여지승람(新增東國輿地勝覽)』에는 개성의 성균관에 대해서 서술하면서 다음과 같이 명륜당을 언급하고 있다.

성균관은 탄현문(炭峴門) 안에 있다. 대성전에는 5성 10철(五聖十哲)의 소상(塑像)을 봉안하였다. 동무와 서무에는 70제자 및 역대 여러 현인의 위판(位版)이 있다. 전 앞에 명륜당이 있다.[23]

또 『고려사(高麗史)』에서도 명륜당에 대한 기록을 찾아볼 수 있는데, 공민왕(恭愍王, 1330~1374) 16년(1367)에 고려 말 성리학자 이색(李穡, 1328~1396)이 명륜당에서 학생들에게 유교경전을 수업하였다는 내용[24]이 나온다. 따라서 고려 말 공민왕대에는 '명륜당'이라는 명칭을 공식적으로 사용하기 시작하였다고 볼 수 있다.

〈그림 2〉 개성 성균관 전경(1931, 조선고적도보)

---

23 『新增東國輿地勝覽』卷4, 開城附上, 學校條. "成均館在炭峴門內 ○大聖殿安五聖十哲塑像 東西廡有七十子及歷代諸賢位版 殿前有明倫堂."
24 『高麗史』卷115, 列傳, 卷第28, 諸臣, 李穡條.

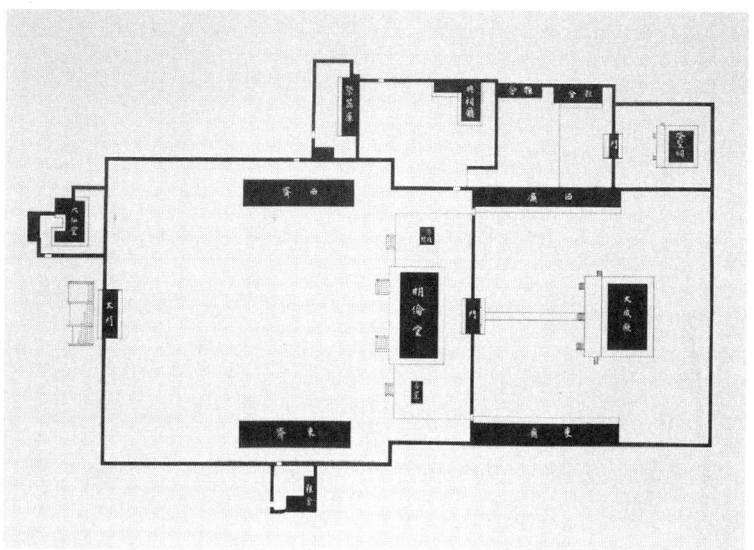

〈그림 3〉 개성 성균관 배치도(1931, 조선고적도보)

〈그림 4〉 개성 성균관 대성전(1931, 조선고적도보)25

---

25 국립문화재연구소, 조선고적도보
 (https://portal.nrich.go.kr/kor/historyinfoList.do?menuIdx=616)

한편 고려 말부터 사용되어진 것으로 보이는 '명륜당'이라는 명칭은 본래 『맹자(孟子)』에서 유래되었다. 『맹자』에 기록된 명륜당 어원을 살펴보면

상(庠)과 서(序)를 세우고 학교를 설치하여 백성을 가르쳤으니, 상(庠)은 기른다, 교(校)는 가르친다, 서(序)는 활 쏜다는 뜻입니다. 하(夏)나라는 교(敎)라 하고, 은(殷)나라는 서(序)라 하고, 주(周)나라는 상(庠)이라 하고 학(學)은 곧 3대가 같이 썼으니, 모두가 인륜을 밝히는 것들입니다. 인륜이 위에서 밝아야 아래의 백성들도 친목하게 될 것입니다.[26]

라는 이 기록에 명륜당 어원의 뿌리를 두고 있다. 뿐만 아니라 이 어원은 수기치인(修己治人)의 유교정신과도 일맥상통한다. 고려 태조는 치국(治國)의 근본을 담은 훈요 10조(訓要十條)를 유언으로 남겼는데 그중 5개 조는 유교사상에 근원한 것이었다. 이어 성종(成宗, 961~997) 6년(987)에는 전국 12목(牧)에 학교를 설치하고 경학박사(經學博士)를 두었으며, 주군(州郡)에 학사를 세워 지방교육의 기틀을 다져 나갔다. 하지만 현종(顯宗, 992~1031)대에는 거란의 침입으로 위축되었고, 문종(文宗, 1019~1083)대에는 사학(私學) 12도(徒)의 출현으로 중앙관학으로서의 권위를 상실하기도 했다.[27] 이후 인종 5년(1127)에는 각 주(州)마다 학교를 세우고 교육을 진작시킬 것을 명하였으며, 충숙왕 원년(1314)에는 이곡(李穀)을 각 주에 파견하여 학교를 부흥케 하였다. 이에 따라 각 지방에 향교가 널리 설치되는 계기가 되었으며,

---

26 『孟子』滕文公 第三章 滕文公問爲國條 "設爲庠序學校 以敎之 庠者 養也 校者 敎也 序者 射也 夏日校 殷日序 周日庠 學則三代共之 皆所以明人倫也 人倫 明於上 小民 親於下".

27 朴贊洙, 「高麗時代 敎育制度史 硏究」, 2002, P.13.

이런 부흥책들로 인하여 유교 교육의 진작과 지방문화 향상에 크게 이바지하게 되었다.

한편, 제주지역에서 유학이 태동하기 시작한 시기를 삼국시대로 보는 견해가 많다. 탐라국(耽羅國)은 일찍이 한나라(漢國, 기원전 202~기원후 220)와 교역을 맺고 있었기 때문에 당시 한(漢)의 지배이념이었던 유교가 자연스럽게 전파되었을 가능성이 크기 때문이다. 하지만 유학이 본격적으로 활성화되기 시작한 것은 고려조에 들어 고려 유학의 영향을 받으면서부터이다. 고려 중기에 탐라(耽羅)는 고려의 지방행정구역으로 편제되면서 중앙정부의 직접통치를 받게 되었기 때문이다. 이런 영향의 결과는 과거(科擧)에서 나타나는데 정종(定宗, 923~949) 11년(1054) 탐라성주(耽羅星主) 고자견(高自堅)의 손자인 고유(高維)가 남성시(南省試) 장원과 예부시(禮部試)에 합격하였다. 그리고 예종(睿宗, 1079~1122) 2년(1107) 고유의 아들인 고조기(高兆基)의 예부시 합격 등이 그것이다.[28] 또 고려 후기 고종(高宗, 1192~1259) 때 제주부사를 지낸 최자(崔滋, 1188~1260)는 이규보(李奎報)의 문학을 이어받은 당대의 유명한 문장가였다. 그런 그가 제주부사를 지내면서 직간접적으로 끼쳤을 유학적 영향력은 충분히 짐작하고도 남는다.

하지만 이후 무신정권기(武臣政權期, 1170~1270)에는 많은 문신들이 화를 입게 됨으로써 유학교육은 한동안 침체기를 겪게 된다. 뿐만 아니라 전국의 많은 향교 전각들이 이때 파괴되기도 하였다. 무신시대 이후는 수습에 따른 혼란으로 지방 향교에 교수(敎授) 파견이 제대로 이루어지지 못했기 때문에 수령이 직접 교수 역할을 담당하거나, 유사(儒士)를 초빙하기도 하였다. 하지만 충렬왕(忠烈王, 1236~1308) 때 안향

---

28 濟州儒脈六百年史編纂委員會, 前揭書, 1997, P.95.

(安珦)에 의해 성리학이 도입된 이후 충숙왕(忠肅王, 1294~1339) 때까지 많은 향교들이 복구되거나 보수되었다. 뿐만 아니라 신진사대부(新進士大夫)들의 정치이념으로 성리학이 수용됨에 따라 유학은 다시 활기를 찾게 되었다. 특히 공민왕(恭愍王, 1330~1374) 때에는 개성의 성균관을 새로 고치는 등 유학 장려책이 이어지면서 정몽주(鄭夢周), 이색(李穡), 정도전(鄭道傳) 등의 많은 유학자가 배출되었다.

향교의 본격적인 발달과 체제의 완비는 조선시대에 들어와서 이루어진다. 조선 건국 주체인 고려 말 신진사대부들은 무인 집권기부터 고려 말기까지 혼란한 정국 속에서 성리학의 정치사상을 활용하여 현실사회를 이끌어 가는 이념으로 삼고자 하였다. 즉 성리학 기반의 이상정치를 추구한 유학자들이 왕정에 직접 참여하여 유교이념에 맞는 관료정치를 추구하고자 하였던 것이다.

뿐만 아니라 태조(太祖) 이성계(李成桂, 1335~1408) 역시 불교계의 타락이 고려가 멸망한 주된 원인이라고 생각하였기 때문에 유교를 새로운 정치이념으로 삼아 국가의 기틀을 확립하고자 하였다.『조선왕조실록(朝鮮王朝實錄)』「태조즉위교서(太祖卽位敎書)」에는 "중앙에 국학(國學)과 지방에 향교(鄕校)를 두어 강학과 인재양성에 힘써야 한다"는 태조 이성계의 기본 철학이 잘 나타나 있다. 또 조선 초기 정도전(鄭道傳)이 간행한『삼봉집(三峰集)』향교조(鄕校條)에는 "學校敎化之本也 于以明人論 于以成人才" 즉 '학교는 교화의 근본이자 인륜을 밝히고 인재를 기르는 곳이다'라고 하였다.

조선 제3대 왕 태종(太宗, 1367~1422)은 향교의 수학 성과를 수령에 대한 평가기준으로 삼았으며, 태종 13년(1413)에는 각 향교의 관리 및 유지에 충당할 비용을 마련하도록 학전(學田)을 지급하는 등 더욱 강력한 유교 진흥 정책을 추진하였다. 이때 학전은 서울문묘 400결(結)[29], 주와 부는 7결, 군과 현은 5결이 지급되었다. 이런 진흥책에 따라 전국의 행정 단위마다 1개소씩 향교가 설치되어 조선 초기 전국의 향교는 모두 360개로 늘어났으며, 명실공히 지방 교육기관으로서의 기반을 완비하게 되었다.

하지만 임진왜란(壬辰倭亂) 이후 국가재정의 악화와 사회혼란 등으로 인하여 향교는 교화성격의 여러 기능들이 축소되고 관리등용에 필요한 지식 등을 습득하는 관리양성 기구로 바뀌기 시작했다. 이런 기능의 변화로 인해 과거제도의 문란과 함께 관학의 부진으로까지 이어지게 되었다. 더구나 관학의 부진을 보완하기 위해 사립교육기관인 서원(書院)이 생겨나기 시작했는데, 1543년(중종 38) 풍기군수(豊基郡守) 주세붕(周世鵬)이 안향(安珦)을 향사하기 위해 세운 백운동서원(白雲洞書院), 즉 소수서원(紹修書院)이 그 시초이다.

향교의 기능을 보완하고 향촌사회의 교화를 담당하기 위해 설립됐던 서원은 조선 후기에 이르러 격화되기 시작한 당쟁의 소용돌이의 중심에 서면서 정치·사회적인 여러 가지 폐해를 낳게 되었다. 그로 인해서 조선 말기에 흥선대원군(興宣大院君)은 1864년(고종 1)부터 1871년(고종 8)에 걸쳐 네 차례의 서원철폐령(書院撤廢令)을 통해 전국의 378개소 사원 중 47개 사원만 남기고 모두 철폐하였으나, 다행히 소수서원은 철폐되지 않아 현재까지 보존되고 있으며, 2019년에는 다른 서원들과 함께 유네스코 세계유산에 등재되었다. 이후 1894년(고종 31) 갑오개혁(甲午改革) 때 과거제를 폐지하는 「전고국조례(銓考局條例)」가 제정되었

---

29 결(結): 농토의 면적 단위. 시대마다 다르지만, 『高麗史』卷78, 食貨에는 사방 33보로 기록되어 있다.

고, 1895년(고종 32)에는 「소학교령(小學校令)」이 제정 공포되었다. 이런 근대학제로의 개편으로 인하여 성균관은 문묘를 받드는 향사기관으로 바뀌었고 교육은 성균관의 별도 기관인 경학과(經學科)에서 전담하게 되었다.

1910년 한일합병 이후 일제는 「향교재산관리규정(鄕校財産管理規程)」[30]을 시행하면서 향교 재산을 부윤(府尹)·군수(郡守)가 관리하도록 하였다. 이러한 조치는 향교 재산을 관유화하여 총독부의 의지대로 향교 재산을 관리하겠다는 의도가 내재되어 있었다.[31] 또 향교에 직원을 두어 관리하게 하고 3·1운동 이후에는 '장의회(掌議會)'라는 자문기구를 두어 운영하게 하였다. 장의(掌議)는 명예직이었기 때문에 그 지역의 유지들로 선임되었다. 일제는 장의를 포섭하여 친일파로 만드는 한편 향교에서의 일정한 역할을 부여하였다. 이런 상황에서 향교는 친일을 강요받는 등의 탄압으로 인해 문묘향사(文廟享祀)를 제대로 치르기 힘들었다.

뿐만 아니라 지금까지 지방 유림들에 의해 진행되던 석전제(釋奠祭)도 조선총독부의 위임을 받은 관리로 바뀜에 따라 일제사관에 의한 석전제로 변모되고 말았다. 이런 관치에 반발하여 일부 지방에서는 분규가 일어나기도 하였다. 또한 1913년 3월에 이르러서는 지방 부군의 통폐합을 단행하였고, 이후 일제의 일군일교(一郡一校) 정책에 따라 일부 향교가 폐지되어 통폐합되기도 하였다. 일제강점기인 1918년 조사된 자료에 따르면 전국에는 335개소의 향교가 있었다.[32]

이후 일부 명맥을 유지하던 향교의 교육기능도 일제가 조선교육령(朝

---

30 1920년 6월에는 「향교재산관리규칙」으로 개정되었다.
31 김순석, 「태동고전연구 제33집」, 일제강점기 「향교재산관리규칙연구」, 2014, P.55.
32 朝鮮總督府 學務局, 「朝鮮敎育要覽」, 1926, P.194.

鮮敎育令)³³을 제정하여 신교육체제로 전환함에 따라 향교의 교육기능은 완전히 상실하기에 이르렀다. 1911년에는 「경학원규정」을 제정하여 성균관을 경학원(經學院)으로 개칭하였는데, 이때 인재양성이라는 성균관의 교육기능을 완전히 배제해 버렸다. 더욱이 1924년 경성제국대학을 설립하여 식민지 교육을 시작한 이후 명륜학원 또는 명륜전문학교로 낮추어 부르게 되었고, 조선총독부의 정책을 선전하고 보조하는 역할을 강요받았다. 해방 이후 미군정(美軍政) 시대에는 다시 성균관으로 환원되어 지금까지 이어지고 있다.

현재 전국에는 234개소의 향교가 있으며, 이 향교들을 중심으로 유교 중심의 지역사회 교화 및 전통학문을 교육하면서 본래 교육기관으로서의 전통을 유지해 나가고 있다. 제주지역에는 조선 초기에 초창된 제주목(濟州牧)의 제주향교와 대정현(大靜縣)의 대정향교, 정의현(旌義縣)의 정의향교 3개 향교가 현존하고 있다. 제주지역의 향교들은 각기 다른 지방에서는 볼 수 없는 독특하고 독창적인 세부 조영양식들이 많이 사용되었다.

뿐만 아니라 대성전의 경우 3개 향교 모두 정면 5칸 규모로서 비교적 큰 규모로 조영되었는데, 다른 지방의 대성전이 보통 3칸 규모임을 감안해 보면 크게 조영한 배경이 따로 있을 것으로 보인다. 우리나라에서 정면 5칸 규모의 대성전은 서울문묘(성균관)를 비롯한 강릉향교(江陵鄕校)와 나주향교(羅州鄕校), 수원향교(水原鄕校) 등 주로 대도시의 향교에서 취해진 규모이다. 그렇기 때문에 제주지역의 3개 향교가 모두 5칸 규모로 조영되었다는 점은 매우 특이한 사례일 뿐만 아니라 제주의 소박한 문화적 특성과도 배치되는 것이다. 따라서 큰 규모로 동일하게 조

---

33 1911년 일제강점기 시기에 제정한 한국 식민화를 위한 교육법령이다.

영된 데에는 대성전의 격을 높여야만 할 배경이 있었다고 볼 수 있으며, 중세부터 정치적 정점에 있었던 유배인들의 조력과 관련되어진 결과물일 가능성도 배제할 수 없다.

〈표 1〉 제주지역 향교의 주요전각별 규모[34]

구분	지번	주요 전각	규모	비고
제주 향교	제주시 용담1동 298-1번지 일원	계성사	79.19m^2 (23.96평)	
		대성전	155.29m^2 (46.98평)	
		명륜당	146.35m^2 (44.27평)	2002년 중건
		전사청	54.72m^2 (16.55평)	
대정 향교	서귀포시 안덕면 사계리 3126-1번지 일원	대성전	135.08m^2 (40.86평)	
		명륜당	78.81m^2 (23.84평)	
		동재	43.83m^2 (13.26평)	
		서재	31.87m^2 (9.64평)	
		전사청	138.33m^2 (41.84평)	2013년 복원
정의 향교	서귀포시 표선면 성읍리 820-1번지 일원	대성전	145.75m^2 (44.08평)	
		명륜당	85.18m^2 (25.76평)	
		동재	53.14m^2 (16.07평)	1996년 복원
		서재	53.14m^2 (16.07평)	1998년 복원
		수호사	68.39m^2 (20.69평)	1994년 복원

척박한 섬이었던 제주는 토속신앙에 대한 신앙심이 컸기 때문에 전 지역에 걸쳐 신당들이 많았다. 이런 민간신앙적인 요소들이 건축 과정에서 결합되어진 의식들도 많은데, 건물 주요 부위에 닭의 피를 발라 부정 타는 것을 방지하거나, 기둥을 거꾸로 세워 잡귀를 쫓기도 한다. 다른 지방에서 기둥을 세울 때는 나무가 생장할 때의 상태를 그대로 유지하여 기둥 방향을 정하는데, 제주지역 일부 민가에서는 잡귀를 쫓을 목

---

[34] 보수설계도면 및 실측치 등을 기준하여 작성함.

적으로 기둥을 거꾸로 세운 것이다. 더욱이 우리나라 고서에서는 기둥을 거꾸로 세우는 것을 매우 부정적인 일로 본다. 또 상유일(上酉日, 닭의 날)에는 지붕을 잇지 않거나, 상신일(上申日, 원숭이날)에는 나무를 베지 않는 풍습 또한 제주지역의 독특한 민간신앙이 반영된 요소들이다. 이런 특징들은 제주 전 지역에서 공통적으로 나타나지만, 주로 서민들이 사용했던 민가 건축물에서 두드러지게 나타난다.

2. 설위(設位) 형식과 배향(配享)

가) 설위 형식

지방의 향교는 서울문묘(성균관)를 모방하여 선현의 위패를 모시고 석전제를 올렸는데, 지방조직과 향교의 규모에 따라 배향되는 신위의 수를 정하는 경우가 많았다. 대설위(大設位)는 133위(位), 중설위(中設位)는 39위(位), 소설위(小設位)는 27위(位)를 봉안하여 그 위격(位格)을 달리하였는데, 이 설위 절차 등은 일반적으로 국조오례의(國朝五禮儀)의 규정에 준하여 시행되었다. 대설위(大設位)는 각 지방의 행정 중심지인 계수관(界首官) 및 주(州), 부(府), 목(牧), 대도호부(大都護府)에 세워진 형식이다.35 대성전에 5성(五聖)과 공문 10철(孔門十哲), 송조 6현(宋朝六賢)의 위패를 모시고 동·서무에 중국 유현(儒賢) 94위(位)와 우리나라 18현(十八賢)을 합하여 전체 133위(位)를 모신 형식인데, 광복 이후에는 이 형식이 변화를 겪게 된다.

중설위(中設位)는 도호부(都護府) 및 군(郡)에 주로 세워진 형식으로, 대성전에 5성과 공문 10철, 송조 6현을 모시고, 동·서무에 우리나라 18현을 모신 전체 39위의 형식이다.

소설위(小設位)는 군(郡)·현(縣)과 같은 작은 고을에 세워진 형식으로, 5성과 송조 4현, 우리나라 18현을 포함하여 모두 27위의 위패를 모신다.

---

35 文化財廳,『韓國의 鄕校建築』, 1998, P.44.

조선 말 서울문묘 대성전에는 5성과 공문 10철, 송조 6현이 모셔지고 동무와 서무에 중국 유현 94위와 우리나라 18현 등 133위가 봉안되어 있었다. 그러나 해방 직후인 1949년 성균관과 유도회(儒道會)에서는 한(漢)·당(唐)·송(宋)의 명유(名儒)까지 봉안하는 것은 지나친 사대사상의 여풍이라는 논란이 일었다. 이후 공자와 4성, 정호(程顥)와 주희(朱熹) 등 송조의 2현 외에 나머지 유현 94위는 매안(埋安)[36]하고, 동·서무에 봉안되어 있던 우리나라 18현을 대성전에 승봉종향(陞奉從享)하고 있다. 그런 이유로 현재 서울문묘의 동무와 서무에는 위패가 봉안되어 있지 않고 비워져 있다.

그러나 우리나라의 모든 향교가 이 형식을 따르고 있는 것은 아니다. 대도호부(大都護府) 지역이었던 강릉향교(江陵鄕校)에서는 136위를 봉안하고 있고, 제주향교 또한 대설위 향교로서 원래 계성사에 봉안된 위패를 제외하여 133위를 봉안하였는데, 해방 후 39위로 줄여서 중설위 형식을 갖추고 대성전에 봉안하고 있다. 또 대정향교에는 공자와 4성을 포함하여 27위의 신위, 즉 소설위 위패를 대성전에 봉안하고 있다. 정의향교 역시 소설위 형식의 27위 위패를 대성전에 모시고 있는데, 공자와 4성, 송조 4현, 우리나라 18현이다.

---

36 위패를 불에 태운 후 땅에 묻는 일.

〈그림 5〉 대성지성문선왕전좌도[37]

경상북도 영주(榮州)의 소수서원(紹修書院)에는 보물 제485호로 지정된 「대성지성문선왕전좌도(大成至聖文宣王殿坐圖)」를 보관하고 있다. 이 그림은 공자를 중심으로 그의 제자들이 좌·우에 나열하여 앉은 모습을 그린 그림이다. 1513년(중종 8)에 원래 그림을 베껴 그렸는데 공자와 제자들의 사열 모습과 의복 등을 자세히 그려 놓은 일종의 반차도(班次圖)[38]이다. 중앙의 편액(扁額)에는 '대성지성문선왕전(大成至聖

---

[37] 영주시 소수서원, 소수박물관
(http://www.yeongju.go.kr/open_content/sosuseowon/index.do)

[38] 궁중의 의례나 행사 등에서 문무백관 및 기물 등의 차례나 위치를 자세히 기록한 그림이다. 반열도(班列圖) 또는 노부도(鹵簿圖)라고도 한다.

文宣王殿)'이라는 글자가 선명히 보인다.

〈표 2〉 제주지역 향교에 봉안된 신위

구분	형식	배향 인물	봉안전각
제주향교	중설위(39위)	5성, 공문 10철, 송조 6현, 우리나라 18현	대성전
대정향교	소설위(27위)	5성, 송조 4현[39], 우리나라 18현	대성전
정의향교	소설위(27위)	5성, 송조 4현, 우리나라 18현	대성전

나) 배향 인물

(1) 5성위(五聖位)

시조인 공자(孔子)를 비롯하여 그의 제자들과 사상을 계승한 유학자 4성(四聖)의 위패를 합하여 5성위(五聖位)라 한다. 이 위패들은 대성전(大成殿)에 모셔지는데, 공자의 위패를 정위(正位)로 하여 배향한 후 좌측에 증자(曾子)와 맹자(孟子), 우측에 안자(顔子)와 자사(子思)의 위패를 각각 모신다. 북쪽을 향하여 공자를 주향한 경우 동서로 나누어 4성을 배향한다.

---

39 도국공 주돈이, 예국공 정호, 낙국공 정이, 휘국공 주희 4현을 말한다.

① 대성지성문선왕(大成至聖文宣王) 공자(孔子, 기원전 551~기원전 479)

〈그림 6〉 공자상

중국 노(魯)나라에서 태어난 춘추전국시대 말기의 사상가이자 정치가, 교육자이며, 유교의 시조이다. 성은 공(孔)이고, 이름은 구(丘), 자(字)[40]는 중니(仲尼)이다. 무사인 부친 숙향흘과 모친 안징재 사이에서 태어났는데 공자가 3세 되던 해 부친이 돌아가시면서 어려운 삶을 살았다. 모친의 엄격한 가정교육을 받고 자란 공자는 19세에 이르러 창고의 물건들을 관리하는 위리(委吏)라는 낮은 직위에 등용되게 되었고, 이듬해 나라의 가축을 기르는 승전(乘田)이라는 관직으로 승진하였다. 당시 공자는 키가 커서 '키다리'라 불리기도 하였는데, 2미터 가까이 되었던 것으로 추정된다. 이 해에 기관씨(亓官氏)[41] 집안의 딸과 혼인하여 다음 해에 아들 리(鯉)를 낳게 된다. 이후 사공(司空)이라는 관직과 나라의

---

40 당시 성인(聖人)의 이름을 함부로 부르지 않는 경명사상(敬名思想)에 따라 부여받는 존칭으로서, 손아래 사람들이 자유로이 부를 수 있는 이름을 일컫는다.
41 올관씨(兀官氏), 계관씨(笄官氏) 등 설(說)이 있다.

법을 다스리는 사구(司寇)와 대사구(大司寇)[42]에 임명되어 국가의 기강을 확립하였다.

한편 대성전 중앙의 공자 신위에는 '대성지성문선왕(大成至聖文宣王)'이라는 존호(尊號)를 쓰고 있는데, 이 존호는 739년 당(唐)의 현종(玄宗)으로부터 '문선왕(文宣王)'이라는 시호(諡號)를 받은 이후 조금씩 바뀌다가 1307년 원나라(元朝) 성종(成宗)에게 하사받은 시호를 지금까지 쓰고 있다.

② 복성공(復聖公) 안자(顔子, 기원전 521~기원전 490)

공자의 제자로 춘추전국시대 말기 노(魯)나라 사람이다. 성은 안(顔)이며, 이름은 회(回), 자는 자연(子淵)이다. 때문에 안연(顔淵)으로 불리기도 한다. 공자보다 30세 정도 어린데 제자들 중에서 가장 아끼는 제자였다. 안회(顔回)는 배우기를 좋아하고 총혜로우며 내향적이었다. 또 공자를 아버지처럼 잘 따르고 존경하였기 때문에 그의 덕행과 인(仁)을 높이 평가하였다. 이토록 아끼는 제자였기 때문에 공자는 41세의 젊은 나이에 죽은 안회를 매우 애통해하였다고 한다.

③ 종성공(宗聖公) 증자(曾子, 기원전 505~기원전 436)

춘추전국시대 말기 노(魯)나라 사람으로서, 공자의 제자인데 그의 부친 역시 공자의 제자이다. 성은 증(曾)이고 이름은 삼(參)이며, 자는 자여(子與)이다. 공자의 제자 중에서도 효를 실천하는 자세로 덕망이 높았을 뿐만 아니라 자기를 반성하고 실천하는 내성궁행(內省躬行)에도 힘썼다. 저서로는 『대학(大學)』과 『효경(孝經)』이 있다.

---

42 사구(司寇)와 대사구(大司寇)는 오늘날의 법무부장관과 국무총리에 해당하는 직위이다.

④ 술성공(述聖公) 자사(子思, 기원전 483~기원전 402)

증자의 제자로서 공자의 적손이다. 성은 공(孔)이고 이름은 급(伋)이며, 자는 자사(子思)이다. 자사의 사상은 그의 저서인 『중용(中庸)』에 잘 나타나 있는데 공자의 중용사상을 계승 발전시켰다. 그의 제자인 맹자(孟子)에게 계승되는 이 가르침은 과불급(過不及)이 없는 중용을 지향하는 실천적 사상으로서 인도(人道)를 중요시하였다.

⑤ 아성공(亞聖公) 맹자(孟子, 기원전 372~기원전 289)

전국시대 사상가이자 교육자로서 유가의 대표 인물이다. 공자가 태어난 곡부(曲阜)지역과 가까운 지금의 산동성(山東省) 추현(鄒縣)에서 출생하였고, 성은 맹(孟)이고 이름은 가(軻), 자는 자거(子車) 또는 자여(子輿)로 알려져 있다. 어릴 때 현명한 어머니의 손에서 자랐는데, 그의 어머니는 특히 아들 교육에 관심이 많았다. 아들 교육을 위해서 집을 세 번이나 옮긴 일화로서 '맹모삼천지교(孟母三遷之敎)'는 인간이 성장하면서 주변 환경이 얼마나 중요한지를 보여 주는 것이라 하겠다.

인간의 품성은 본래 선하다는 성선설(性善說)을 주장하였으며, 백성 없이 국가가 없다는 민본정치를 강조하였다. 힘과 무력에 의한 패도정치를 비판하고, 군주가 덕에 의해서 백성을 교화하여야 하고 백성은 그 덕에 화답함으로써 나라 전체가 함께하는 왕도정치를 주장하였다. 저서로는 『맹자(孟子)』가 있다.

(2) 공문 10철(孔門十哲)

『사기(史記)』의 권47 「공자세가(孔子世家)」에 따르면 공자에게는 약

3천 명이 넘는 제자들이 있었다고 한다. 그중에서도 특히 아끼던 제자 10인을 공문 10철(孔門十哲)이라고 하는데, 공자는 사과(四科)에 뛰어난 제자를 거론하면서, 덕행(德行)에는 안회(顔回), 자건(子騫), 백우(伯牛), 중궁(中弓)을, 언어(言語)에는 자아(子我), 자공(子貢)을, 정사(政事)에는 염유(冉有, 子有), 자로(子路)를, 문학(文學)에는 자유(子游), 자하(子夏)를 꼽았다. 공문 10철은 5성과 같이 대성전에 배향되는데 4성의 좌·우·뒤쪽으로 배향된다.

① 비공(費公) 민손(閔損, 기원전 536~기원전 487)
노(魯)나라의 유학자로서 이름은 손(損), 자는 자건(子騫)이다. 어릴 때 어머니를 여의고 계모 밑에서 자랐는데, 계모는 민손이 공부하는 것을 못마땅하게 여겨 온갖 궂은 일을 도맡아 시켰다고 한다. 그는 공문 10철의 한 사람으로서 아버지에 대한 효성이 지극하고 성품이 온화하며 신중한 언행으로 유명한 인물이다.

② 운공(鄆公) 염경(冉耕, 기원전 544~?)
노나라의 유학자로서 이름은 경(耕), 자는 백우(伯牛)이다. 어진 성품을 지녔으며 공자가 노나라의 사구(司寇) 관직에 있을 때 중도(中都)의 재상으로 삼았다. 그가 악질(惡疾)에 걸려 드러눕자 공자가 문병 가서 하늘을 원망했다는 기록이 『논어(論語)』의 「옹야(雍也)」 편에 남아 있다.

③ 설공(薛公) 염옹(冉雍, 기원전 522~?)
노나라의 유학자로서 이름은 옹(雍), 자는 중궁(中弓)이다. 공자는 그를 안연(顔淵), 자건(子騫), 백우(伯牛)와 함께 덕행이 뛰어난 제자라는 평을 내렸을 뿐만 아니라 군주의 자리에 앉힐 만한 인물로도 평가하였다.

④ 제공(齊公) 재여(宰予, 기원전 522~기원전 458)

공자의 제자로 노나라 출신이다. 이름은 여(予), 자는 자아(子我)인데 재아(宰我)로 칭하기도 한다. 공자는 그를 언변에 뛰어난 자로 인정했으며, 주유열국(周遊列國) 때 처음부터 끝까지 동행하였다. 또 그를 여러 번 제(齊)나라와 초(楚)나라에 외교 사절로서 파견하기도 하였다.

⑤ 여공(黎公) 단목사(端木賜, 기원전 507~기원전 420)

춘추시대 말엽의 위(魏)나라 출신 유학자이다. 성은 난복(端木), 이름은 사(賜), 자는 자공(子貢)인데 현재의 하남성(河南省) 휘현(輝縣)에서 태어났다. 그는 언어능력이 뛰어나고 총명할 뿐만 아니라 젊은 시절부터 상업 활동으로 부를 축적하여 공자의 재정 후원자 역할을 담당하였다. 또한 뛰어난 언변을 기반으로 한 외교술에도 능통하였는데 그에 대한 기록이 『논어(論語)』에 수십 차례 서술되어 있다.

⑥ 서공(徐公) 염구(冉求, 기원전 522~기원전 489)

춘추시대 노나라 출신이다. 성은 염(冉)이며, 이름은 구(求), 자는 자유(子有)인데 염유(冉有)라 불리기도 한다. 그는 활발하고 낙관적이며 솔직한 성격이었다. 애공 11년(기원전 484) 노나라가 제나라와 교전이 벌어졌을 때 염구가 장수로 활약하여 승리하였다. 또 공자는 그의 정사(政事)에 대한 식견을 매우 칭찬했다고 알려진다.

⑦ 위공(衛公) 중유(仲由, 기원전 542~기원전 480)

노나라 출신 유학자로서 성은 중(仲), 이름은 유(由)이며 자는 자로(子路)·계로(季路)이다. 공자와 가장 가까운 제자 중 한 사람이었다. 특히 효심이 깊었는데 '자로부미(子路負米)'라는 고사성어는 자로가 쌀을 지고 간다는 말로, 효성이 지극한 사람을 가리킨다. 어린 시절 자로는 집이 가난하여 매일 백 리나 되는 길을 쌀 짐을 져다 날라 그 삯으로 어버이를 봉양했다는 고사이다. 또 말을 하면 지키는 신의와 살신성인의 자세가 널리 칭송되었던 인물이다.

⑧ 오공(吳公) 언언(言偃, 기원전 506~기원전 443)

오(吳)나라 상숙(常熟) 출신으로서 공자 말년의 제자이다. 성은 언(言)이고 이름도 언(偃)인데 한자만 다르다. 자는 자유(子游)이며, 숙씨(叔氏)라고도 불린다. 20대 중반에 노나라 무성재(武城宰)가 되어 공자의 가르침을 전수하고 예악(禮樂)을 실천하였으며, 특히 문학과 예술적 재능이 뛰어났다.

⑨ 위공(魏公) 복상(卜商, 기원전 507~기원전 420)

위(魏)나라 출신으로서 성은 복(卜), 이름은 상(商)이며, 자는 자하(子夏)이다. 청빈한 삶을 살았던 자하는 학문을 좋아하여 위나라 문후(文侯)의 태사(太師)가 되었다. 특히 만년에는 강학을 열어 유학의 발전에 크게 공헌하였고, 그의 사상은 순자(荀子)에 이르러 더욱 확대되었다. 공문(孔門)에서 공자의 유력 제자로 자유(子游), 자하(子夏), 자장(子張)을 꼽는다.

⑩ 진공(陳公) 전손사(顓孫師, 기원전 503~?)

진(秦)나라의 유학자이며, 성은 전손(顓孫), 이름은 사(師)이며, 자는 자장(子張)이다. 그는 문학에 뛰어났고 너그러우며 인간관계가 두터웠다. 『여씨춘추(呂氏春秋)⁴³』에는 천미한 출신으로 기록되어 있다.

(3) 송조 6현(宋朝六賢)

송대(宋代) 북송(北宋, 960~1127)과 남송(南宋, 1127~1279)의 대표적인 성리학자 여섯 분을 일컬어 송조 6현이라 한다. 송조 6현의 위패는 내성선에 배향되는데, 4성의 뒤쪽, 공문 10철 아래쪽에 배향된다.

① 도국공(道國公) 주돈이(周敦頤, 1017-1073)
북송(北宋)의 유학자이며, 성은 주(周), 자는 무숙(茂叔), 호는 염계(濂溪)이다. 본래 이름은 돈실(敦實)이었는데 송(宋)나라 5대 황제인 영종(英宗, 1032~1067)의 초명(初名)에 실(實)이 있어서 후에 돈이(敦頤)로 개명하였다. 그는 소옹(邵雍), 장재(張載), 정호(程顥), 정이(程頤)와 함께 '북송오자(北宋五子)'로 불린다. 또 주자(周子)로도 불리는데 훗날 성리학을 집대성한 주희(朱熹, 1130~1200)와 혼동되기 때문에 일반적으로 사용되지는 않는다. 주돈이의 사상과 학통은 훗날 주희(朱熹)에게 큰 영향을 미쳤고, 명리학(命理學)의 개창에도 큰 역할을 하였다. 그의 저서로는 『태극도설(太極圖說)』과 『통서(通書)』가 있다.

② 예국공(豫國公) 정호(程顥, 1032~1085)
북송의 유학자로서 성은 정(程), 이름은 호(顥)이다. 자는 백순(伯淳),

---

43 기원전 239년 중국 진(秦)나라의 승상 여불위(呂不韋)가 제가백가(諸子百家)의 사상을 종합하여 편찬한 백과사전이다.

호(號)는 명도(明道)이다. 하남성(河南省) 낙양(洛陽) 출신으로 '북송오자'로 불린다. 동생 정이(程頤)와 함께 주돈이에게 수학하였으므로 이정(二程)으로 불리기도 하였다. 또 대정(大程)과 소정(小程)으로 각각 칭해지기도 한 이 두 형제의 사상은 남송의 주희에게 큰 영향을 주게 되므로 정주학파(程朱學派)라고도 불린다. 특히 토지와 병역제도의 개혁을 주장한 그들은 백성들의 칭송을 받았다고 전해진다. 저서로는『정성서(定性書)』와『식인편(識仁篇)』등이 있다.

③ 낙국공(洛國公) 정이(程頤, 1033~1107)

북송의 유학자이며 예국공(預國公) 정호(程顥)의 동생이다. 이름은 이(頤), 자는 정숙(正叔)이다. 호(號)는 이천(伊川)이고, 형 정호와 함께 이정(二程)으로 불린다. 그는 매우 엄격하고 총명하여 읽지 않은 책이 없다고 할 만큼 책을 가까이하였다고 한다. 북송의 7대 왕인 철종(哲宗) 때는 간당(姦黨)으로 몰려 부주(涪州)에 유배되기도 하였다. 저서로는『역전(易傳)』과『안자소호하학(顔子所好何學)』등이 있다.

④ 신안백(新安伯) 소옹(邵雍, 1011~1077)

북송의 유학자이며, 성은 소(邵), 이름은 옹(雍), 자는 요부(堯夫)이다. 시호(諡號)[44]는 강절(康節)이다. 성품이 온화하고 부드러웠으며, 일생 동안 벼슬을 탐하지 않았다. 특히 공자를 숭배했던 그는 '북송오자'의 한 사람이기도 하다. 저서에는『황극경세(皇極經世)』과『이천격양집(伊川擊壤集)』,『어초문답(漁樵問答)』등이 있다.

---

[44] 임금이나 신하, 뛰어난 학자가 죽은 뒤에 그가 생전에 세운 공덕을 기리며 다음 임금으로부터 추증 받는 칭호이다.

⑤ 미백(眉伯) 장재(張載, 1020~1077)

북송의 유학자이며, '북송오자' 중 한 사람이다. 성은 장(張), 이름은 재(載), 자는 자후(子厚)이다. 본래 장안(長安) 출신이나 봉상미현(鳳翔眉縣) 횡거진(橫渠鎭)에서 살았기 때문에 '횡거선생'으로 불리다. 오늘날 섬서성(陝西省)에 위치한 관중(關中)에서 주로 제자들을 가르쳤기 때문에 그의 학문을 관학(關學)이라고도 한다. 장재의 사상은 훗날 송나라 명리학(命理學)에 큰 영향을 끼쳤다. 주요 저서로는 『정몽(正蒙)』, 『서명(書銘)』, 『경학이굴(經學埋屈)』 등이 있다.

⑥ 휘국공(徽國公) 주희(朱熹, 1130~1200)

성리학을 집대성한 남송(南宋)의 최고 유학자로 오늘날 복건성(福建省) 우계(尤溪)에서 아버지 주송(朱松)과 어머니 축씨(祝氏)의 삼남으로 출생했다. 성은 주(朱), 이름은 희(熹), 자는 원회(元晦), 중회(仲晦)이고, 호는 회암(晦庵), 회옹(晦翁), 운곡산인(雲谷山人) 창주병수(滄洲病), 둔옹(遯翁) 등이다. 일반적으로 우리에게는 주자(朱子)로도 잘 알려져 있으며, 그의 학문을 일컬어 주자학(朱子學)이라고 한다.

대대로 휘주무원(徽州婺原)[45]의 호족 집안으로 19세에 진사시(進士試)에 급제한 뒤 천주(泉州) 동안현(同安縣)의 문서처리직인 주부(主簿)를 시작으로 여러 관직을 지냈다. 그는 우주현상과 인간사회의 존재를 이기철학(理氣哲學), 즉 우주만물의 이치인 이(理)와 만물의 형체인 기(氣)와의 관계를 명확하게 하고 이를 통해서 도덕적 이상을 실천하자는 이론을 정립하였다. 주희는 복건 지방에 여러 개의 정사(精舍)를 세워 제자들을 양성했는데, 그가 제자들에게 한 말 중에 "나는 게으름을

---

45 양쯔강(揚子江) 하류 유역에 위치한 오늘날의 안휘성(安徽省)이다.

피우지 못하는 사람이다. 병이 심할 때도 앞장서서 늘 일하려 한다"라는 말에서 그의 부지런한 성품이 고스란히 드러난다. 그는 생전에 80여 종의 저서를 남겼는데 그중 주요 저서는 『사서집주(四書集註)』, 『주역본의(周易本義)』, 『자치통감강목(資治通鑑綱目)』, 『소학서(小學書)』, 『예서(禮書)』 등이 있다.

(4) 우리나라의 18현(十八賢)

신라시대의 유학자 설총과 최치원 2현과 고려시대의 유학자 안향과 정몽주 2현, 조선시대의 유학자 김굉필, 정여창, 조광조, 이언적, 이황 등 14현을 일컬어 우리나라의 18현이라 한다. 1949년까지 서울문묘에서는 동무와 서무에 각각 배향되었는데, 이후 성균관과 유도회의 민족 주체성 확립 결정에 따라 우리나라의 18현을 대성전에 봉안하게 되었다. 하지만 중설위(中設位) 형식을 갖춘 지방 향교에서는 동무와 서무에 각각 배향하고 있다.

① 홍유후(弘儒侯) 설총(薛聰, 650년경~740년경)

신라 경덕왕(景德王, ?~765) 때 활동했던 유학자로 아버지는 원효대사(元曉大師) 설서당(薛誓幢)이며, 어머니는 태종 무열왕(武烈王, 603~661)의 딸 요석공주(瑤石公主)이다. 자는 총지(聰智)이고, 호는 빙월당(氷月堂), 시호는 홍유후(弘儒侯)이다. 『삼국사기(三國史記)』의 「열전(列傳)」에 의하면 설총은 총명하여 경서와 역사, 지방풍속 등에도 통달하였으며, 화왕계(花王戒)를 지어 신문왕(神文王, ?~692)에게 풍간(諷諫)하였다는 기록도 있다.

② 문창후(文昌侯) 최치원(崔致遠, 857~?)

신라의 6두품(六頭品) 출신 유학자로 자는 고운(孤雲) 또는 해운(海雲)이다. 그의 가계에 대한 자세한 기록은 남아 있지 않으나, 왕경의 사량부(沙梁部) 사람이었고, 부친은 최견일(崔肩逸)이다. 부친 최견일은 신라 경문왕(景文王, 846~875)이 아버지 원성왕(元聖王)의 원찰(願刹)인 숭복사(崇福寺)[46]를 창건할 때 발원문을 작성한 것으로 알려져 있다. 최치원은 12세의 어린 나이에 당(唐)나라로 건너가 7년 만에 예부시랑 배찬(裴瓚)이 주관한 빈공과(賓貢科)에 합격했다.

그는 29세 때 당에서 귀국하는데 헌강왕(憲康王, ?~886)은 그를 시독 겸 한림학사 수병부시랑 지서서감사(侍讀兼翰林學士守兵部侍郎知瑞書監事)에 임명하였다. 이듬해 〈대숭복사비문(大崇福寺碑文)〉과 같은 명문을 짓게 된다. 이후 신라는 왕권이 쇠락하고 지방 호족이 득세하게 되면서 나라는 혼란기에 접어들게 된다. 이에 최치원은 894년(진성여왕 8)에 골품제의 모순 등을 담은 시무10여조(時務十餘條)를 진성여왕(眞聖女王, ?~897)에게 상소하였다.

저서로는 시문집 『계원필경(桂苑筆耕)』, 『금체시(今體詩)』, 『오언칠언금체시(五言七言今體詩)』, 『잡시부(雜詩賦)』, 『중산복궤집(中山覆簣集)』 등이 있고, 사서(史書)로는 『제왕연대력(帝王年代曆)』이 있으나 현재 남아 있지 않다.

③ 문성공(文成公) 안향(安珦, 1243~1306)

고려 말 무신집권기와 대몽항쟁시기에 활동하였던 고려시대의 대표

---

46 토함산 기슭(경상북도 경주시 외동읍 말방리 68-9번지)에 있었던 절로서 『삼국유사』에는 곡사(鵠寺)로 기록되어 있으나, 후에 숭복사(崇福寺)로 개칭하였다고 한다.

적인 유학자로서 자는 사온(士蘊), 호는 회헌(晦軒)이다. 아버지는 밀직부사(密直副使)를 역임한 안부(安孚)이고 어머니는 강주 우씨(剛州禹氏)로 예빈승(禮賓丞) 우성윤(禹成允)의 딸이다. 충렬왕 때 원(元)나라로부터 우리나라에 성리학을 처음으로 전한 그는 글씨를 잘 썼는데 특히 세자(細字)에 매우 능하였다. 1549년 풍기군수 주세붕(周世鵬, 1495~1554)은 안향을 배향하기 위해 우리나라 최초의 백운동서원(白雲洞書院)을 세웠고, 이후 풍기군수로 부임한 이황(李滉, 1501~1570)의 요청에 따라 소수서원(紹修書院)이라는 명종(明宗, 1534~1567)의 친필 사액(賜額)을 받는다.

④ 문충공(文忠公) 정몽주(鄭夢周, 1338~1392)

고려 말 공양왕(恭讓王, 1345~1394) 때의 유학자로서 지금의 경상북도 영천(永川)[47]에서 태어났다. 자는 달가(達可), 호는 포은(圃隱)이다. 어려서부터 책 읽기를 좋아하여 항상 손에서 책을 놓지 않았다고 하며, 공민왕 때 문과에 장원급제한 후 예조정랑(禮曹正郎)과 성균사성(成均司成) 등 여러 벼슬을 거친다. 그는 1390년(공양왕 2년) 수문하시중(守門下侍中)이 되어 의창(義倉)을 부활하여 빈민을 위한 구제책을 실시하였다. 또 주자가례(朱子家禮)에 따라 사당을 세우게 하였고, 고려의 수도인 개경(開京)에는 오부학당(五部學堂), 그리고 지방에는 향교를 세워 유교의 진흥에 힘썼다.

고려 말 정몽주는 몰락하는 고려를 다시 일으키려는 온건파의 입장을 취하였는데, 혁명파인 이성계(李成桂, 조선 태조, 1335~1408)와의 대

---

47 현재 정몽주 출생지와 관련한 두 가지 설이 있는데, '경북 영천군 임고면 우항리'라는 설과 '경북 포항시 남구 오천읍 문충리'라는 설이 서로 논쟁을 벌이고 있다.

립으로 선죽교에서 살해당하게 된다. 당시 정몽주의 『단심가(丹心歌)』와 이방원(李芳遠, 조선 태종, 1367~1422)의 『하여가(何如歌)』는 그들의 문학적 재능이 얼마나 뛰어났었는지를 보여 준다.

⑤ 문경공(文敬公) 김굉필(金宏弼, 1454~1504)

조선 전기의 유학자이며 지금의 서울에서 태어났다. 자는 대유(大猷), 호는 사옹(簑翁) 또는 한훤당(寒暄堂)이다. 김종직(金宗直)의 제자이며 스스로 '소학동자(小學童子)'라 칭할 만큼 소학에 심취하였다고 한다. 1498년 무오사화(戊午士禍)가 일어나자 붕당을 만들었다는 죄목으로 평안도 희천(熙川)에 유배되었다가 조광조 등에게 학문을 전수받았다. 6년 후 갑자사화(甲子士禍) 때 참형에 처해졌으나, 1506년 중종반정(甲子士禍) 이후 신원(伸冤)되었다. 저서로는 『경현록(景賢錄)』, 『한훤당집(寒暄堂集)』, 『가범(家範)』 등이 있다.

⑥ 문헌공(文獻公) 정여창(鄭汝昌, 1450~1504)

조선 전기의 유학자이며 경상남도 함양(咸陽)에서 태어났다. 자는 백욱(伯勗), 호는 일두(一蠹) 또는 수옹(睡翁)이다. 김굉필과 함께 점필재(佔畢齋), 김종직(金宗直)의 제자가 되어 지리산 자락 섬진강(蟾津江) 어귀에 악양정(岳陽亭)을 짓고 오경과 성리학을 수학하였다.

⑦ 문정공(文正公) 조광조(趙光祖, 1482~1520)

조선 전기의 유학자이며 지금의 경기도 용인(龍仁)에서 태어났다. 자는 효직(孝直), 호는 정암(靜庵)이다. 무오사화로 희천(熙川)에 유배 중이던 김굉필에게 수학하였고, 29세에 생원진사시(生員進士試)인 사마시(司馬試)에 장원급제하여 성균관에 입학하였다. 그는 송대 도학사상을 기반으로 한 왕도정치(王道政治)를 추구하였는데 훈구파의 반대로 무산되었다. 그의 저서로는 『정암집(靜庵集)』이 있다.

⑧ 문원공(文元公) 이언적(李彦迪, 1491~1553)

조선 전기의 유학자이며 지금의 경상북도 경주(慶州)에서 태어났다. 자는 복고(復古), 호는 회재(晦齋)이다. 24세에 별시(別試) 문과에 급제하여 밀양부사, 사간원 사간 등을 거쳐 좌찬성(左贊成)에까지 이르렀다. 1547년(명종 2)에는 양재역(良才驛) 벽서(壁書)사건에 연루되어 평안북도 강계(江界)로 유배되었고, 6년간 그곳에서 강학과 저술을 하다 명종 8년(1553)에 병사하였다. 이언적의 기(氣)보다 이(理)를 중시하는 주리설(主理說)은 훗날 이황(李滉)에게 계승되어 영남학파의 주요사상이 되었다.

⑨ 문순공(文純公) 이황(李滉, 1501~1570)

조선 중기의 유학자이며, 경상북도 안동시 도산면 온혜리(溫惠里)의 노송정(老松亭)에서 태어났다. 자는 경호(景浩)이고, 호는 퇴계(退溪), 퇴도(退陶), 도옹(陶翁)이다. 이언적의 사상을 이어받아 율곡(栗谷) 이이(李珥)와 함께 영남학파의 중심을 이루었다. 이황은 사단(四端)과 칠정(七情)으로 이해하는 이기호발설(理氣互發說)을 핵심사상으로 하여 영남학파의 체계적 학풍을 형성하였다. 그의 저서로는 『주자서절요(朱子書節要)』, 『성학십도(聖學十圖)』, 『퇴계집(退溪集)』 등이 있다.

⑩ 문정공(文正公) 김인후(金麟厚, 1510~1560)

조선 중기의 유학자이며 전라남도 장성(長城) 출신이다. 자는 후지(厚之)이고, 호는 하서(河西) 또는 담재(湛齋)이다. 1540년(중종 35) 문과에 별시문과에 급제하여 권지승문원부정자(權知承文院副正字)로 등용하였는데 1545년(명종 즉위년) 을사사화(乙巳士禍)가 일어나자 병을 이유로 고향인 장성으로 낙향하여 성리학 연구와 후학 양성에 매진하였다. 저서로는 『하서전집(河西全集)』, 『주역관상편(周易观象篇)』, 『서명사천도(西铭四天图)』, 『백련초해(百联抄解)』 등이 있다.

⑪ 문성공(文成公) 이이(李珥, 1536~1584)

조선 중기에 활동했던 우리나라의 대표적인 유학자이며, 강원도 강릉(江陵)의 오죽헌(烏竹軒)에서 태어났다. 자는 숙헌(叔獻), 호는 율곡(栗谷), 석담(石潭), 우재(愚齋)이다. 부친은 증좌찬성(贈左贊成) 원수(元秀)이며, 모친은 문인이자 화가로 잘 알려진 신사임당(申師任堂)이다. 8세 때 화석정(花石亭)에 올라 홀로 시를 지을 만큼 총명했던 이이는 13세의 나이로 진사시에 합격하였다. 그는 임진왜란 전에 10만 양병설을 주장하기도 했으며, 핵심사상으로 주기론(主氣論)의 관점에 기초한 '기발이승일도설(氣發理乘一途說)'을 주장했다. 생전에 많은 저술활동을 하였는데, 주요 저서로는 『성학집요(聖學輯要)』, 『동호문답(東湖問答)』, 『경연일기(經筵日記)』, 『격몽요결(擊蒙要訣)』, 『만언봉사(萬言封事)』 등이 있다.

⑫ 문간공(文簡公) 성혼(成渾, 1535~1598)

16세기 조선의 대표적인 유학자로 지금의 서울에서 태어났다. 자는 호원(浩源), 호는 우계(牛溪) 또는 묵암(默庵)이다. 이이(李珥)보다 한 살 위인 성혼은 도의지교(道義之交)를 맺을 만큼 가까이 지냈다. 하지만 학문적으로 성혼은 이황의 이기호발설(理氣互發說)을 지지하는 입장이었다. 반면에 이이는 기발이승일도설(氣發理乘一途說)을 지지하였는데, 서로 다른 학문적 입장으로 인해 1572년 율우논변(栗牛論辨)이 벌어지게 된다. 이 논변은 사단칠정론(四端七情論)에 관한 논쟁을 벌이면서 1년에 9차례의 서신을 주고받으면서 벌인 논쟁으로 유명하다. 저서로는 『주문지결(朱門旨訣)』과 『위학지방(爲學之方)』 등이 있다.

⑬ **문원공(文元公) 김장생(金長生, 1548~1631)**

지금의 서울에서 태어난 조선 중기의 유학자이다. 자(字)는 희원(希元), 호는 사계(沙溪)이다. 유학자 송익필(宋翼弼, 1534~1599)에게 예학(禮學)을 전수받아 아들 김집(金集)과 송시열(宋時烈)에게 이어지면서 김장생은 조선 예학의 태두(泰斗)가 되었다. 저서로는 『경서변의(經書辯疑)』, 『근사록석의(近思錄釋疑)』, 『가례집람(家禮輯覽)』, 『전례문답(典禮問答)』 등이 있다. 특히 『가례집람』은 『주자가례(朱子家禮)』를 집대성한 예서(禮書)로서 우리나라 예학을 학문적 연구 수준으로 끌어올렸을 뿐만 아니라 500여 년이 지난 지금까지도 예(禮)의 사회화에 기여하고 있다.

⑭ **문열공(文烈公) 조헌(趙憲, 1544~1592)**

조선 중기의 유학자이자 의병장이다. 자는 여식(汝式), 호는 중봉(重峯), 도원(陶原), 후율(后栗)이다. 경기도 김포(金浦)에서 태어난 그는 집이 매우 가난했지만 농사를 짓거나 땔감을 하러 다닐 때도 손에서 책을 놓지 않았다고 한다. 일본 사신을 배척하자는 상소를 올리기도 한 그는 1592년 임진왜란이 일어나자 충북 옥천(沃川)에서 의병들을 모아 승병과 함께 청주성(淸州城)을 탈환하였다. 그러나 관군에 의해 의병 대부분이 해산되고, 남은 700명의 의병과 함께 금산성(錦山城)으로 진격하여 2만여 명의 왜군과 분전하다 전사하였다. 후에 이 전투를 '금산

전투(錦山战鬪)'라 부른다.

⑮ 문경공(文敬公) 김집(金集, 1574~1656)

　조선 예학(禮學)의 태두이신 김장생(金長生)의 아들이며, 지금의 서울시 중구 서소문동(西小門洞)에서 태어났다. 자는 사강(士剛), 호는 신독재(愼獨齋)이다. 1591년(선조 24)에 진사시에 2등으로 합격하였고, 이후 헌릉참봉(獻陵參奉)에 제수되었다. 하지만 광해군(光海君, 1575~1641) 조정의 문란에 염증을 느껴 관직에서 사직하였다. 그는 부친의 학문을 전수받아 예학을 체계화하였으며, 고례(古禮)를 중시한 학문을 송시열(宋時烈)에게 전승하여 훗날 기호학파(畿湖學派)를 형성하였다.

⑯ 문정공(文正公) 송시열(宋時烈, 1607~1689)

　조선 중기 주자학의 대가이다. 지금의 충청북도 옥천군 구룡촌(九龍村) 외가에서 태어났는데, 모친인 선산곽씨(善山郭氏) 부인은 밝은 달과 같은 구슬을 삼키는 태몽을 얻어 그를 잉태했다고 한다. 자는 영보(英甫)이며, 호는 우암(尤庵)이다. 송시열은 김장생(金長生)과 그의 아들 김집(金集)으로부터 학문을 전수받았는데 특히 주자학을 신봉하였다. 1649년 효종(孝宗, 1619~1659)이 즉위하자 존중화양이적(尊中華攘夷狄)의 춘추대의에 근거한 북벌론(北伐論)을 제시하기도 하였다.

　1689년(숙종 15)에는 기사환국(己巳換局)으로 서인이 축출되고 남인이 재집권하였는데, 당시 서인의 영수였던 송시열은 세자책봉이 시기상조라는 소(疏)를 올렸다가 제주도로 유배되었고, 그해 6월 국문을 받기 위해 상경하던 중 정읍(井邑)에서 사사(賜死)되었다. 제주 유배 111일 동안 그는 귤림서원(橘林書院)에 제문(祭文)을 지어 보내는 등 제주 교육에도 큰 영향을 미쳤다. 또 문장에도 매우 뛰어났는데 웅장하고 유려하면서 강건한 문체로 알려져 있다. 한편 제주 귤림서원에는 오현(五賢)의 한 사람으로 배향되었다. 생전에 송시열은 『우암선생후집(尤菴先生後集)』, 『우암유고(尤菴遺稿)』, 『삼방촬요(三方撮要)』 등의 많은 저서를 남겼으며, 사후에는 왕명에 따라 그의 저서를 모아 간행된 『우암집(尤菴集)』이 있다.

⑰ 문정공(文正公) 송준길(宋浚吉, 1606~1672)

조선 중기의 유학자이며, 지금의 서울시 성북구 정릉동(貞陵洞)에서 태어났다. 자는 명보(明甫), 호는 동춘당(同春堂)이다. 예학에 능했고 문장과 글씨에도 뛰어났다. 어려서부터 이이(李珥)를 사숙(私淑)하였고 김장생과 김집에게 성리학과 예학을 전수받았다. 1649년 효종이 즉위하면서 송시열과 함께 등용되어 북벌을 추진하였다. 하지만 친청파(親淸派)인 김자점(金自點)의 밀고로 북벌계획이 좌절되면서 관직에서 물러나 낙향하였다. 그의 저서로 『어록해(語錄解)』와 『동춘당집(同春堂集)』이 있다.

⑱ 문순공(文純公) 박세채(朴世采, 1631~1695)

조선 중기의 유학자로서 자는 화숙(和叔), 호는 현석(玄石) 또는 (男溪)이다. 지금의 경기도 파주시 창만리(倉滿里)의 명문세족 집안에서 태어났다. 증조부 박응복(朴應福)은 대사헌, 할아버지 박동량(朴東亮)은 형조판서를 지냈으며, 송시열(宋時烈)의 손자 송순석(宋淳錫)은 그의 사위이다. 일찍이 이이(李珥)를 사숙(私淑)하였고 송시열 등과 가깝게 교류하였다. 기사환국 이후 낙향하여 강학과 저술에만 몰두하였다. 그는 많은 저술활동을 하였는데 그중에서 『남계선생예설(南溪先生禮說)』과 『육례의집(六禮疑輯)』은 예학에 관한 구체적 저술로서 예학 발전에 큰 업적으로 평가받고 있다. 그 외의 저서로는 『남계집(南溪集)』, 『동유사우록(東儒師友錄)』, 『우계속집(牛溪續集)』, 『삼례의(三禮儀)』 등이 있다.

3. 향교의 기능

　지방에 설치한 유교 교육기관인 향교는 그 주요 기능을 크게 세 가지로 나눌 수 있는데, 향사(享祀) 기능과 교육(敎育) 기능 그리고 사회교화(社會敎化) 기능으로 나누어 볼 수 있다. 유교에서 교육은 인륜을 밝히는 인간교육과 전인교육, 그리고 인성함양에 중점을 두고 있다. 한편 제주에서는 육지와는 다른 형태로서 향교의 사회적 기능이 형성되기도 하였는데, 그 중심에는 당대 유배인들이 있었다. 우리나라 유배 제도는 고려시대에 중국의 대명률(大明律) 영향을 받아 법제화되었다. 무신정변(武臣政變) 이후 고려를 복속시킨 원나라(元朝)와 원(元)의 뒤를 이은 명(明)나라는 죄인들을 제주에 유배시키기도 하였다. 이처럼 제주는 지리적 특성상 고려시대부터 유배지로서 널리 활용되어 왔는데, 유배지로서의 역할이 지역문화와 결합하여 육지와는 다른 독특한 사회적 특성들을 형성하여 왔다. 그 촉매 역할의 중심에 유학 교육기관인 향교가 있었음은 누구도 부인할 수 없다. 당시 유배인(流配人)들은 왕족을 비롯하여 당대 지식인층이 주류를 이루었기 때문에 이들을 통한 유교적 소양과 문화 향유의 기회는 제주지역민들의 학문적 수준을 한 단계 높이는 데 큰 영향을 끼쳤다.

　첫 번째 향사(享祀) 기능, 공자를 비롯한 성인들에게 제사 지내는 향사 기능에는 분향례(焚香禮)와 석전(釋奠)을 들 수 있는데, 분향례는 음력 기준으로 매월 초하루에 지내는 삭분향례(朔焚香禮)와 매월 보름에 지내는 망분향례(望焚香禮)로 구분한다. 또 봄과 가을에는 석전(釋奠)을 봉행하는데, 임금도 참여하는 큰 제사였기 때문에 석전대제(釋奠大祭)라고 한다. 석전은 정제(丁祭) 또는 석채(釋菜), 상정제(上丁祭)라고도 불렸다.

본래 석전대제는 중춘(中春, 음력 2월)과 중추(中秋, 음력 8월) 상정일(上丁日)[48]에 지내 왔으나, 일제강점기인 1937년 조선총독부에서는 양력 4월 15일과 10월 15일로 바꾸어 버렸다. 하지만 해방 후인 1953년 다시 음력 2월과 8월 상정일로 환원하기에 이른다.[49] 이후 2007년에는 성균관에서 공자의 기신일(忌辰日)[50]인 양력 5월 11일에 춘기석전을 시행하고, 공자의 탄강일(誕降日)[51]인 양력 9월 28일에는 추기석전을 봉행하기로 결정하였다. 하지만 제주지역의 3개 향교에서는 아직까지도 음력 2월과 8월 상정일에 석전대제를 시행하고 있다.

석전(釋奠)의 의미는 한자의 벌여 놓을 '석(舍)'과 둘 '치(置)'를 합한 풀 '석(釋)'과 술병을 덮어 놓은 '추(酋)'와 받침대를 상징하는 '대(大)'를 합성한 제사 지낼 '전(奠)'을 합하여 제사 지낸다는 의미를 가진다. 석전이 언제부터 우리나라에서 시행됐는지에 대한 명확한 기록은 없으나, 태학설립과 유교경전 교육기록이 남아 있는 삼국시대부터일 것으로 추측하고 있다. 석전의식은 처음부터 끝까지 홀기(笏記)[52]에 따라 준비되고 진행된다. 1986년 국가무형문화재 제85호로 지정하여 전승되고 있는 이 석전대제(釋奠大祭) 의식은 신을 맞이하는 영신례(迎新禮)와 신위전에 폐백을 올리는 전폐례(奠幣禮), 신위전에 첫 잔과 축문을 올리는 초헌례(初獻禮), 잔을 올리는 아헌례(亞獻禮)와 종헌례(終獻禮), 초헌관이 신위 앞의 음식을 먹는 음복례(飮福禮), 음식 일부를 거두는 철

---

48 음력으로 매달 첫 번째 드는 정일(丁日)이며, 초정일(初丁日)이라고도 한다.
49 國立文化財研究所, 『釋奠大祭』, 1998, P.19.
50 기일(忌日)을 높여 이르는 말.
51 임금이나 성인(聖人)이 태어난 날.
52 제례의식 등의 진행절차를 기록한 문서.

변두(籩豆)와 신을 보내는 송신례(送神禮), 축문과 폐백을 태우는 망료(望燎)의 순서로 진행된다.

석전에는 악무(樂舞)를 겸하게 되는데 이를 문묘제례악(文廟祭禮樂)이라 한다. 조선 초기 편찬된 악학궤범(樂學軌範)에는 절차에 따라 곡(曲)을 달리하고 있다. 하지만 지방 향교의 석전에서는 대부분 문묘제례악이 생략되고 있다. 한편 제주향교의 석전제례 중 특이한 것이 있는데 영신제례(迎神祭禮)에서 모혈(毛血)[53]을 올리는 것이다. 조선시대 친림석전(親臨釋奠)에서나 행하던 절차로 성균관 유사석전(有司釋奠)이나 주현석전(州縣釋奠)에는 없는 제례이다.[54]

두 번째 교육(敎育) 기능, 중앙에는 국립대학격인 성균관을 두고 지방에는 성균관을 축소한 향교를 설치하였다. 지방 관학의 중심인 향교는 지방의 유능한 인재를 양성하는 데 중요한 역할을 하였는데 조선은 건국 초부터 적극적인 향교진흥 정책의 일환으로 문과 출신의 관인을 유학교수관으로 지방에 파견하여 유학교육을 진흥시켰다. 왕조의 교체와 관계없이 고려조의 향교가 조선조의 향교로 이어지면서 『동국여지승람(東國輿地勝覽)』이 완성된 성종 17년(1488)까지는 전국에 일읍일교(一邑一校)의 체제를 갖추게 되었다.[55]

성균관보다 한 단계 낮은 교육기관으로서 향교는 행정적으로 예조(禮曹)의 소관이었는데, 향교의 설립과 운영에 관한 재원은 향교전(鄕校田)[56]과 향교노비였다. 한편 향교 입학 연령은 경국대전(經國大典)에는 17세로 기록되어 있으나, 사략(史略) 등 다른 기록에는 15세에서 20세

---

53 종묘와 사직의 제향에 쓰이는 짐승의 털과 피.

54 國立文化財研究所, 『鄕校釋奠』, 2010. P.280.

55 姜大敏, 前揭書, 1992. P.30.

56 성종(成宗, 1457~1494) 이후 학전(學田), 교전(敎田), 학위전(學位田)등 으로 통합하여 사용한다.

까지로 기록되어 있어 지역마다 다른 것으로 추정된다. 그러나 여러 사료들을 종합해 보면, 유생의 상한 연령은 대략 40세를 기준하였던 것으로 보인다. 조선 초기 『경제육전(經濟六典)』에 규정된 유생의 수는 성균관에 200명, 부(府)와 목(牧)에는 90명을 두고, 도호부(都護府)에는 70명, 군(郡)에는 50명, 현(縣)에는 30명[57]을 두도록 하였다. 하지만 이 규정이 엄격하게 시행되지는 않았으며, 지방마다 다르지만 대체로 초과되어 충원되는 경우가 많았다. 지방관의 의무를 담은 수령칠사(守令七事)[58]에는 향교를 진흥하라는 규범을 정하여 놓았는데 이런 점으로 보아 조선 초기에 향교 진흥을 위한 상당한 노력들이 있었음을 짐작할 수 있다.

  향교는 국가에서 설립한 교육기관이었기 때문에 교관은 일반적으로 중앙에서 파견되었다. 교관의 명칭은 교수(教授), 훈도(訓導), 학장(學長) 등으로 불렸는데, 이 중 학장은 지역 유림 중에서 학술에 조예가 깊은 자를 임명[59]하였기 때문에 관인은 아니었다. 특히 태종 16년(1416)에는 6품 이상인 자를 교수관(教授官)이라 하였고, 7품 이하는 훈도관, 생원과 진사는 교도(教導)라 하였다. 또 교관의 상임격인 도유사(都有司)는 매년 봄 석전제가 끝난 후 유생들이 회의를 통해 여러 명을 추천하면 그 지방수령이 추천인 중에서 선출하였다. 한편 조선 중기 이후에는 사학이 융성해지고 관학이 쇠퇴함에 따라 지역 유생들이 교관을 맡아 운영하기도 하였다. 조선의 과거제도는 문과(文科)와 무과(武科), 잡과(雜科)로 구분되었는데, 문과와 잡과는 예조(禮曹)에서 주관하였고, 무과는 병조(兵曹)에서 주관하였다.

  향교에서는 문과의 예비시험 성격을 갖는 소과(小科) 혹은 사마시(司

---

57 『經濟六典』卷3, 禮典, 生徒條.
58 『經國大典』吏典 考課條, "農桑興 戶口增 學校興 軍政修 賦役均 詞訟簡 奸猾息".
59 『世宗實錄』卷10, 世宗7年 2月14日.

馬試)를 준비하기 위한 과정을 교육하였는데, 생원시(生員試)와 진사시(進士試)로 구분하였다. 이 시험에 합격한 사람을 생원(生員)과 진사(進士)라 한다. 법제상으로는 양반자제는 물론 일반 양민의 자제들도 향교에 입학할 수 있었다. 유생들은 향교 입학 전에 지역 서당에서 『천자문(千字文)』이나 『명심보감(明心寶鑑)』 등을 수학한 후에 입학하게 되는데, 향교에 입학한 후에는 사서삼경(四書三經)과 사서오경(四書五經)을 비롯하여 『자치통감(資治通鑑)』, 『고문진보(古文眞寶)』, 『삼강행실도(三綱行實圖)』 등의 역사서와 문집 등을 배웠다.

〈표 3〉 조선시대의 과거제도

구분			응시 장소	선발 인원	시험 과목
문과	소과	생원시 (명경과) 초시	서울, 지방	700명	유교경전 이해
		생원시 (명경과) 복시	서울	생원 100명, 진사 100명	
		진사시 (제술과) 초시	서울, 지방	700여명	한문학 제술
		진사시 (제술과) 복시	서울	생원 100명, 진사 100명	
	대과	초시	서울, 지방	240명	한문학 제술 위주
		복시	서울	33명	
		전시(王 親臨)	서울	갑과 3명, 을과 7명, 병과 23명	
무과		초시	서울, 지방	270명	무예, 강서(講書)
		복시	서울	28명	
		전시	서울	갑과 3명, 을과 5명, 병과 20명	
잡과		초시	역과, 의과, 음양과, 율과	서울, 지방	111명	전문서, 경국대전
		복시	역과, 의과, 음양과, 율과	서울, 지방	46명	

문과(文科) 시험은 역사서를 다룬 사학(史學)과 시문을 짓는 사장학(詞章學), 그리고 유교의 경전을 해석하는 경학(經學)으로 치러지기 때문에 이 내용들은 향교 교육 과정에서의 주요 교과목들이었다. 그렇지만 문과는 주로 서울(한양)을 중심으로 한 장소에서 이루어졌기 때문에 당시 제주민이 문과에 응시하여 급제하기란 상당히 어려웠다. 이런 이유로 제주에는 문과 급제자가 그리 많지 않았는데, 1045년(고려 정종 11) 탐라성주(耽羅星主) 고자견(高自堅)의 손자인 고유(高維)를 시작으로 하여 고려시대에는 3명이 문과에 합격하였다. 조선시대 급제자는 사료마다 조금씩 다른데 50여 명을 상회하는 것으로 파악된다.

세 번째 사회교화(社會敎化) 기능, 성리학적 질서를 기반으로 인륜과 풍속을 정비하고자 했던 조선의 건국 주체, 즉 사대부와 유학자들은 국초 모든 군현(郡縣)에 설립된 향교를 주축으로 지방민의 교화와 국가례(國家禮)를 확립하고 지배질서를 정당화하고자 하였다. 특히 석전은 국가적인 행사로서 유림뿐만 아니라 그 지역의 명망가들이 참여하여 치러지는 지역의 대표적 의례이다. 지방의 덕망 있는 사람을 헌관(獻官)으로 선임하고 유가적 소양이 충실한 집사(執事)를 선정하였는데 선정된 헌관과 집사는 큰 영광으로 삼았다.

따라서 이런 지역 유지들이 참여하는 행사를 통하여 향촌의 사회질서나 풍속교화를 주제로 논의가 이루어지고 유가적 이념이 자연스럽게 지방민들에게 스며들고자 했다. 또 그 자리에서 결의된 사항과 공론을 행사에 참여한 지방관에게 바로 전달함으로써 지방의 난제를 해결하기도 했다.[60] 그렇기 때문에 조정에서는 향교를 통하여 지역 민심을 살피고 정책을 홍보하는 역할도 담당하였다. 하지만 조정의 정책이 민심에 역

---

60 姜大敏, 前揭書, 1992, P.215.

행할 때에는 통문과 상소를 통하여 지역 민심을 전하는 창구 역할도 하였다.

　이처럼 향교는 지역 여론을 형성하는 주체였던 것이다. 뿐만 아니라 향교에서는 지방민에게 향풍을 수립하기 위한 정기적인 행사들도 주관하였다. 그중에서도 매년 10월 학덕이 높은 분들을 모셔 주연을 베푸는 향음주례(鄕飮酒禮)[61], 봄과 가을에는 활을 쏘는 유교의식인 향사례(鄕射禮)[62], 매년 8월에는 노인을 공경하고 받드는 양로연(養老宴)을 주관하였다. 이런 점에서 향교는 유교적 정치이념을 넘어 향촌의 구래적(舊來的) 질서와 규범을 함양하는 교육기구로서 역할을 충실히 수행하였다.

---

[61] 매년 음력 10월, 학덕과 연륜이 높은 향촌 분들을 모시고 잔치를 벌이는 향촌의례로써, 노인을 봉양하고 어른을 존중하는 데 그 뜻을 두었다. 성종 때 편찬된 『국조오례의(國朝五禮儀)』에 규정되었다.

[62] 중국 주나라(B.C.11세기 말~B.C.256)에서 활을 쏘아 재능과 예(禮)가 있는 사람을 왕에게 천거하는 유교의식이다.

4. 향교의 공간구성

　예로부터 우리나라에서 전통 구조물이 조영될 때는 풍수지리설(風水地理說)과 음양오행설(陰陽五行說) 등을 비롯한 동양사상을 근간으로 하여 이루어졌다. 특히 건축물 조영에서는 집터의 선정과 공간구성에 이르기까지 모든 분야에 걸쳐 지대한 영향을 끼쳐 왔다. 뿐만 아니라 시대적 배경이나 사상적 요인에 의한 내·외부적 환경 또한 그 공간구성에 있어서 매우 중요한 요소로 작용하여 왔다. 이런 점에서 유교의 인륜중시 사상과 엄격한 위계 질서규범은 향교의 배치와 공간구성에서 깊게 드러난다. 주로 상·하와 전·후 그리고 좌·우로 구분되는 위계상 의미가 뚜렷이 나타나고 있는 것이다. 고려 전기 향교는 선현에 대한 향사 기능에 중심을 두고 운영되었기 때문에 제향공간인 대성전을 중심으로 제향과 강학이 동시에 이루어졌다.

　문묘는 궁궐(宮闕)과 마찬가지로 좌향(坐向)의 기준, 즉 남면 또는 정면을 향한 기준으로 보아 좌상우하(左上右下)의 개념이 적용된다. 바라보는 입장에서는 반대로 우상좌하(右上左下)가 된다. 또 경사지에서는 대성전을 높은 곳에 배치함으로써 상하에 따른 위계성(位階性)을 표현하려 하였다. 높은 곳에는 대성전 일곽의 제향공간을 두고, 낮은 곳에는 명륜당을 중심으로 한 강학공간을 배치하는 형식인데, 이를 전학후묘(前學後廟) 배치라 한다. 이 배치는 대성전을 남면(南面) 또는 볕이 잘 드는 높은 곳에 좌향(坐向)하여 양지바른 곳에 모시고자 했던 의도로 볼 수 있다.

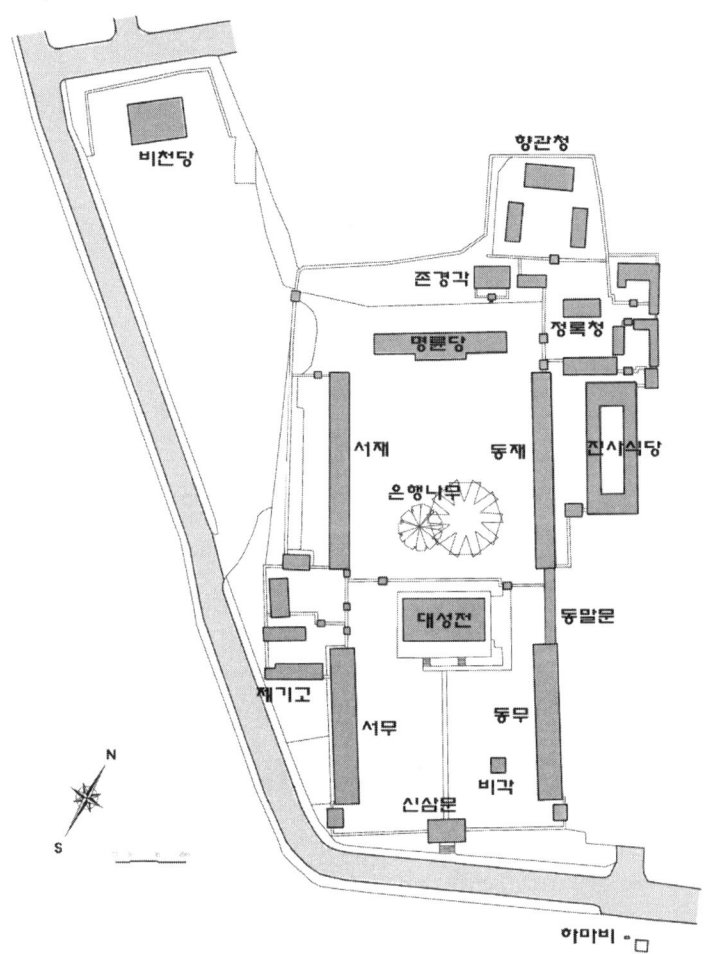

〈그림 7〉 서울문묘 현 배치

 우리나라는 지형적으로 경사지가 많기 때문에 이 배치 형식이 많으며, 제주에서는 대정향교가 이 배치를 따르고 있다. 반면 평지 지형에서는 상하위계가 아니라 대성전을 중심으로 한 중국의 공묘(孔廟) 배치법을 염두에 둔 형식으로 나타난다. 즉 전면에는 대성전을 중심으로 한 제향공간을 두고 그 뒤에 강학공간인 명륜당 등을 배치한 것이다. 이런 배치형식을 전묘후학(前廟後學) 배치라고 하는데, 서울문묘(성균관)와 나주향교가 대표적이다. 우리나라 향교는 대부분 구릉성 지형에 자리 잡고 있으며, 평지에 위치한 향교는 그리 많지 않다. 그럼에도 불구하고 평지에 위치한 향교 중 대다수는 전학후묘의 배치 형식을 취하고 있다.

공자의 위패를 모신 문묘를 중시했다는 것은 고려시대의 묘학동궁(廟學同宮)[63] 형식에서도 나타나지만, 조선시대로 넘어와서 대성전 일곽의 세부 조영양식에서도 그와 유사한 점들이 나타난다. 특히 가구재와 공포양식, 단청, 화방벽 등 여러 세부양식에서도 문묘공간을 의도적으로 높이려한 사례들은 무수히 많다. 그러나 이런 위계성과 세부 조영원칙들이 반드시 지켜졌던 것은 아니다. 부지 여건에 따른 제약으로 인하여 변화된 형태로 나타나거나 초창 이후 변형되어 바뀐 사례도 많기 때문이다.

경상북도의 의성향교(義城鄕校)는 경사지에 위치하였는데 전묘후학 형식을 적용하였고, 평지에 위치한 청산향교(靑山鄕校), 언양향교(彦陽鄕校) 등도 전학후묘(前廟後學) 형식이 취해졌다. 특히 경사지에 위치한 제주향교는 본래 전학후묘 형식에서 좌묘우학(左廟右學) 형식으로 변형되었다. 한편 변형되기 전의 제주향교는 제주에서 유일하게 동무와 서무를 대성전 앞에 설치하고 있었다. 이 동무(東廡)와 서무(西廡)는 한국전쟁 이후 제주중학교가 확장하면서 철거되기에 이른다. 동·서무는 15세기 후반까지 계수관(界首官) 이상의 지방행정구역에만 설치되었던 전각인데, 『성종실록(成宗實錄)』에는 지방 주현(州縣)의 향교에 동·서무가 설치되지 않았다는 내용이 자세히 나타나 있다.

---

[63] 『동문선(東文選)』제71권에는 고려의 향교가 제향과 강학공간의 구분이 없는 묘학동궁 형식임을 기록하고 있다. 이 형식은 고려 말까지 이어진 것으로 보인다. "禮州小學, 掌書記李天年之所作也. 李君旣佐府, 見諸生日, 本國鄕校之制, 廟學同宮, 幾乎褻矣. 而又引諸童子, 使之群聒於大成之庭, 其爲褻益甚矣. 乃與諸生謀於父老. 卜地於府之東北, 役以農隙, 不日而成."

다음은 『성종실록(成宗實錄)』권181, 16년(1485) 7월 10일 무오(戊午) 4번째 기사이다.

예조(禮曹)에서 아뢰기를,

"《의례상정(儀禮詳定)》안에 '주학(州學)·현학(縣學) 등은 양무(兩廡)의 제위(諸位)를 제사함을 면제하고, 현학은 대성전(大成殿) 위의 10위(位)도 아울러 면제하며, 오직 개성부(開城府) 및 여러 도(道)의 계수관(界首官)만이 양무(兩廡)의 제위(諸位)를 두루 제사한다. 주염계(周濂溪)·정명도(程明道)·정이천(程伊川)·주문공(朱文公)의 4위(位)와 설총(薛聰)·최치원(崔致遠)·안유(安裕)는 현학(縣學) 이상에서 모두 제사한다'고 하였는데, 전교(傳敎)를 본조(本曹)에서 이미 받았습니다. 위의 항목의 상정(詳定)에 의하여 시행한다면, 여러 도의 계수관은 동무(東廡)와 서무(西廡)가 있으니, 그 나머지 주(州)·부(府)·군(郡)·현(縣)은 모두 무(廡)가 없어서 주염계(周濂溪) 이하 4위와 설총(薛聰) 등 세 분을 종사(從祀)하기 어렵습니다"라고 기록되어 있다.

고려시대의 제주목(濟州牧)은 군(郡)과 현(縣)으로 바뀌다가 충렬왕 21년(1295)에 제주목(濟州牧)으로 개편되었다. 계수관 지역으로 일컬어지는 목(牧)은 최상위 지방행정구역으로서 고려의 경(京), 목(牧), 도호부(都護府)와 조선 초기의 부(府), 목(牧), 도호부(都護府)를 포함하는 지방행정구역 단위이다. 그렇기 때문에 상위 지방행정구역인 제주목에는 대정현, 정의현과는 달리 동무와 서무가 설치되었던 것으로 보인다. 안타깝게도 이 동무와 서무는 1957년 철거되었다.

〈그림 8〉 1920년대 제주향교

우리나라 향교에서 제향영역과 강학영역을 구분하는 경계에는 일반적으로 담장이 설치되었는데, 제주지역 3개 향교에는 현무암을 사용한 겹담을 허튼층쌓기로 조성되어 있다. 산담을 제외한 제주의 일반적인 돌담은 홑담으로 조성하는 데 비해 향교에는 겹담을 두른 것이다. 그런데 이 겹담들은 본래 원형이 아닐 가능성이 매우 크다. 일제강점기에 촬영된 제주향교 사진에서는 담장에 설치된 기와가 선명히 보인다. 또 다른 지방의 향교에서도 영역을 구분하는 담장 상부에는 기와가 일반적으로 사용되었는데, 제주향교의 현재 겹담도 본래 기와가 얹어진 담장 형식이었을 것으로 보인다. 한편 정의향교에는 대나무 울타리를 사용했던 것으로 추정되는 기록이 조선 중기 김상헌(金尙憲)이 쓴 『남사록(南槎錄)』[64]에 남아 있는 것으로 보아 당초에는 돌담을 사용한 담장을 두르지 않았던 것으로 추정된다.

64　조선 중기 문신 김상헌(金尙憲, 1570~1652)이 안무어사로 제주에 파견됐을 때 쓴 일기 형식의 기행문이다. 이 기행문에는 1601년 8월부터 1602년 2월까지의 기록이 담겨 있다.

5. 제주도 삼읍(三邑) 연혁

『삼국사기(三國史記)』의 기록에 따르면, 제주는 탐라국(耽羅國)으로 일컬어지며, 백제와 신라, 중국, 일본 등 주변국들과 활발한 교역을 해왔다. 또 『삼국유사(三國遺事)』에는 신라의 27대 선덕여왕(善德女王, ?~647)이 신라를 괴롭히는 주변 9개의 나라를 진압하기 위하여 황룡사 9층탑을 세웠는데, 제1층은 일본(倭), 제2층은 중화(秦), 제3층은 오(吳)와 월(越), 제4층은 탁라(托羅), 제5층은 응유(鷹遊), 제6층은 말갈(靺鞨), 제7층은 거란(丹國), 제8층은 여적(女狄), 제9층은 예맥(穢貊)이었다.

이 중 제4층인 탁라는 제주를 지칭하는 명칭으로서 탁라 외에도 섭라(涉羅), 탐모라국(耽牟羅國), 탐부라(耽浮羅), 담라(儋羅), 둔라(屯羅), 영주(瀛洲) 등 다양한 명칭이 『구당서(舊唐書)』와 『후한서(後漢書)』 등의 주변국 문헌에서 산견되었다. 이런 기록으로 미루어 보아 당시 제주의 국제적 위상은 상당했을 것이라 추정된다. 하지만 이후 제주는 고려 숙종(肅宗, 1054~1105) 10년(1105)에 이르러 고려의 지방행정구역인 탐라군(耽羅郡)으로 개편[65]되면서 현령(縣令)이 파견되어 고려 중앙정부의 지배를 받게 된다.

한편, 고려 조정에서 관리가 파견되면서부터 수탈이 자행되어 민란이 일어나기 시작하였다. 민란의 주된 요인은 관리의 가렴주구와 토호 권세가의 토지침탈, 조세·부역의 가중 등을 들 수 있다. 결국, 1168년(의종 22)의 양수(良守)가 난을 일으켜 제주도민들로부터 선정관으로 추앙

---

[65] 『高麗史』 卷57, 志 卷第11, 耽羅縣條.

받았던 최척경(崔陟卿, 1120~1186)을 다시 탐라 현령으로 보내 줄 것을 요구하기도 하였다.[66] 탐라군으로 개편된 이후 고종 10년경(1223)에는 읍호(邑號)의 개편이 이루어져 '제주(濟州)'라는 명칭으로 불리고 있었다.[67]

『고려사』 권22, 세가, 고종 16년 2월의 기록에서도 제주라는 명칭의 사용을 확인할 수 있다.

"乙丑 宋商都綱金仁美等二人, 偕濟州飄風民梁用才等二十八入來."

삼별초의 난이 끝난 직후인 1273년(원종 14)에 제주에는 원나라(元朝)의 직할통치기구인 탐라총관부(耽羅摠管府)가 설치되었다. 이와 함께 원(元)에서는 다루가치(達魯花赤)를 제주에 파견하여 20여 년간 지배하였다. 1294년 원으로부터 고려에 환속된 이후 충렬왕 21년(1295) 4월에 판비서성사(判秘書省事) 최서(崔瑞)를 제주목사로 임명하였고, 지남익(池南翼)을 판관으로 파견하여 탐라군(耽羅郡)을 제주목(濟州牧)으로 개편하였다.

이윽고 충렬왕 26년(1300)에는 제주목을 중심으로 한 행정구역을 개편하였는데, 제주를 동도(東道)와 서도(西道)로 나누고[68] 주현(主縣)인 제주목과 속현(屬縣)인 14개의 현촌(縣村)으로 구성하였다. 동도에는 신촌(新村), 함덕(咸德), 김녕(金寧), 호촌(狐村)이고, 서도는 귀일(貴日), 고내(高內), 애월(涯月), 곽지(郭支), 귀덕(歸德), 명월(明月), 차귀

---

66 제주연구원 제주학연구센터, 『제주학개론』, 2017, P.33.
67 金日宇, 『高麗時代 耽羅史 硏究』, 2008, P.243.
68 「耽羅志」, 建置 沿革.

(遮歸), 홍로(烘爐), 예래(猊來), 산방(山房)이다. 이 지방행정체제가 조선 초기까지 이어지다가 태종 14년(1414) 8도(道) 체계로 다시 개편되기에 이른다.

전국을 8도(道), 4부(府), 4대도호부(大都護府), 20목(牧), 43도호부(都護府), 82군(郡), 175현(縣) 등 330여 개의 단위조직으로 구분한 것이다. 8도는 경기도, 충청도, 경상도, 전라도, 황해도, 강원도, 평안도, 영안도로 구분되었지만 현대와 같은 행정계층이 아니라 관찰사가 수행하는 권역의 기준구역 개념이었다. 이때 제주목이 나주(羅州), 광주(光州)와 함께 전라도(全羅道)에 편입되었다.

이후 제주지역에 인구와 행정업무가 늘어나게 되자, 한라산 남쪽의 산남 주민이 한라산 북쪽에 자리 잡은 제주목 관아(濟州牧 官衙)로 다녀야 하는 어려움이 커졌고, 행정력이 미약한 산남지역에는 토호세력의 횡포가 잦아지게 되었다. 때문에 태종 16년(1416) 안무사(按撫使) 오식(吳湜)과 전 판관(判官) 장합(張合) 등의 건의에 따라 동쪽의 신촌, 함덕, 김녕 등의 지역과 서쪽의 귀일, 고내, 애월, 곽지, 귀덕, 명월 등의 지역을 제주목에 포함시켰다. 또한 동쪽에는 정의현을 본읍으로 삼아 토산, 호아, 홍로 등의 현을 소속시켰고, 서쪽으로는 대정현을 본읍으로 삼은 뒤, 예래, 차귀 등의 지역을 포함하는 개편이 이루어졌다.[69]

이로부터 제주지역은 제주목(濟州牧)과 대정현(大靜縣), 정의현(旌義縣)으로 구성된 1목(牧), 2현(縣)의 삼읍(三邑) 체계가 완성되었다.

---

69 金日宇, 高麗時代와 朝鮮 初期 濟州道 地域의 行政單位 變遷, 2007.

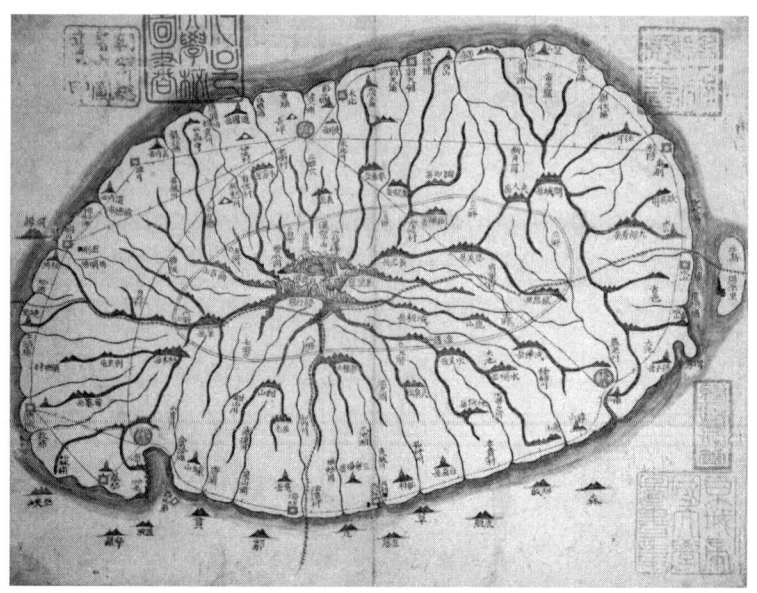

〈그림 9〉 대동여지도 제주[70]

---

[70] 규장각 한국학연구원(http://kyu.snu.ac.kr/)

〈표 4〉 조선시대 지역별 지방관 파견 (경국대전 참조)

품계\도별	부윤 종2품	대도호부사 정3품	목사 정3품	도호부사 종3품	군수 종4품	현령 종5품	현감 종6품
경기도	개성	–	광주 여주 파주 양주	부평 남양 이천 인천 수원 강화 장단	부평 안산 안성 삭령 풍덕 마전 고양	용인 진위 양천 김포 영평	지평 과천 음죽 양성 양지 금천 통진 포천 적성 연천 교동 교하 거평 죽산
충청도	–	–	충주 청주 공주 홍주	–	단양 천안 문의 괴산 옥천 청풍 임천 태안 한산 서천 면천 서산 온양	문의	제천 직산 회산 정풍 음성 청안 진천 목천 영춘 영동 황간 청산 보은 홍산 평택 정산 청양 은진 회덕 진잠 연산 노성 부여 석성 비인 남포 결성 보령 해미 당진 신창 예산 전의 연기 아산 대흥 덕산
경상도	경주	안동	상주 성주 진주	대구 청송 영해 밀양 순흥 칠곡 창원 함양 금산 곤양	청도 영천 예천 영주 흥해 울산 양산 풍기	영덕 경산 동래 의성	용궁 하양 봉화 청하 언양 진보 현풍 군위 비안 의흥 신녕 예안 영일 장기 영산 인동 창녕 지례 안의 고령 산청 단성 영양
전라도	전주		광주 나주 제주	남원 장흥 순천 담양	보성 낙안 순창 익산 고부 영암 영광 진도 금산 진산 김제 여산	창평 용담 능성 금구 임피 만경	광양 옥과 남평 구례 곡성 운봉 임실 장수 무주 진안 동복 화순 흥양 용안 함열 부안 함평 강진 고산 태인 옥구 흥덕 정읍 고창 무장 장성 무안 해남 대정 정의

도별	종2품	정3품	정3품	종3품	종4품	종5품	종6품
강원도	-	강릉	원주	양양 삼척 회양 춘천 철원	평해 통천 고성 간성 정선 영월 평창	울진 협곡 금성	평강 이천 금화 낭천 홍천 양구 인제 횡성 안협
황해도			황주 해주	평신 시흥 정안 풍천	봉산 곡산 안악 재령 수안 신천 금천 백천	신계 눈화 옹진	도산 장언 송화 강령 은율 강음
평안도	평양	영변	안주 정주 의주	창성 삭주 숙천 구성 강계 성천	가산 곽산 중화 선천 철산 용천 상원 덕천 개천 순천 희천 벽동 운산 박천 위원 영원 자산 초산	용강 영유 증산 순안 강서 삼화 함종 삼등	양덕 맹산 태천 강동 은산
영안도 (함경도)	함흥	영흥 안변	길주	북청 덕원 정평 갑산 장진 후주 경성 경원 회령 종성 은성 경흥 부령 무산	문천 고원 삼수 단천	-	홍원 이성 명천

 이후 구한말(舊韓末) 고종 32년(1895)에는 전국을 23부(府)로 나누고 하위 행정구역을 군(郡)으로 통일하는 부군제(府郡制)를 시행하였다. 이때 전라도에 편입되었던 제주가 제주부(濟州府)로 잠시 독립하게 되면서, 제주 삼읍이 제주군(濟州郡), 대정군(大靜郡), 정의군(旌義郡)으로 개편되었다.

 하지만 일본의 지방제도를 본떠 급격하게 시행된 23부제(二十三府制)는 우리나라의 실정과 맞지 않다는 의견이 모아지면서 23부제를 실시한 지 1년이 조금 지난 1896년 8월에 23부제를 폐지하고 13도제(十三道制)를 실시하게 된다. 당시 전라남도(全羅南道)에 포함된 제주는 제주목(濟州牧), 대정군(大靜郡), 정의군(旌義郡)으로 개편되어 편제되었다.

한편 일제 통감부가 설치된 다음 해인 1906년(광무 10) 초대 통감(統監) 이토 히로부미(伊藤博文)의 주도하에 행정구역의 통합을 단행하였는데, 이때 제주목(濟州牧)이 제주군(濟州郡)으로 강등되었다. 이윽고 일제강점기인 1913년 3월부터 부군(府郡)의 통폐합이 일부 단행되었고, 이듬해인 1914년에는 우리나라의 행정구역을 13도(道), 12부(府), 220군(郡), 2,522면(面)으로 재편성하였는데, 지금의 행정구역과도 유사하다. 광복 직후 미군정기인 1946년에는 제주가 전라남도에서 분리되어 제주도(濟州道)로 승격되기에 이른다.

済州古地図

（地名注記）
巖莊浦　朝貢川　水晶寺　道圓岳　長坪　済州　従制岳
　　　　　　　　　　　　　　　三姓穴　禾北川　奉盖岳
屏風川　　伊袞村　木寨岳　老衡村
　　　　無愁川　有信村　　　　　表岳
　　今勿德　　　　　　　品岾　漢拏山　穴望峰　三岾
　　　　五岾　　　　　　十星岾　　　　巨甕
廣陵　　　　　高古山　　滲水洞　　　　　九岳
　　　　　　　　　　白鹿潭
　　　　六岾　　　　修行窟
　　　　　　　　　　　八岾
　　　並岳　七岾　　　　　孤根山　　芳洲
柿　　　　　　　　　　　　加内川
　　　　　紺山川
山房川　　　紺山　　　　　　　　天池淵
金露浦　　塞達川　蒸屯　　　　　　霊泉

II
제주목(濟州牧)의 유학 중심 제주향교

옛 제주목성(濟州牧城) 서문(西門) 자리에서 서쪽으로 약 300여 미터 떨어진 곳에 위치한 제주향교는 여러 차례 이건을 거쳐 1827년(순조 27) 현 위치에 자리 잡게 되었다. 제주시 용담동의 작은 구릉을 끼고 동서축선상에 배치하였는데, 이곳에 이건될 당시는 전학후묘(前學後廟)[71]의 배치체계를 기반으로 조성되었다. 이건된 지 30여 년이 지난 후 초창된 계성사(啓聖祠)는 향교 경내에서 가장 높은 지형에 건립하였는데, 이는 공자를 비롯한 오성(五聖)의 아버지 위패를 모신 계성사를 대성전보다 높여 모시려는 유교적 예(禮)의 실천으로 읽혀진다.

당시 대성전 일곽의 제향영역에는 대성전을 중심으로 전면에 동무(東廡)와 서무(西廡)를 두었고 그 앞에 내삼문을 설치하였는데, 대성전 앞마당에는 내삼문과 이어지는 신도(神道)[72]가 있었다. 또 주위에는 현무암과 몽돌을 섞어 쌓은 담장을 둘렀으며, 그 위에는 기와가 얹혀 있었을 것으로 추정된다. 내삼문 앞으로는 명륜당과 동재(東齋), 서재(西齋)를 두어 강학영역을 형성하였고, 그 앞으로 외삼문과 홍살문(紅箭門)이 자리 잡고 있었다. 홍살문은 붉게 칠한 나무를 양쪽에 세우고 위로는 화살 모양의 살을 나란히 세워 놓은 문을 말하는데, 주로 궁전이나 관아, 능

---

71 강학공간인 명륜당과 동재, 서재를 전면에 두고 제향공간인 대성전과 동무, 서무를 후면에 두는 배치 양식. 우리나라 대부분의 향교가 이 배치법을 따르고 있는데, 구릉이 대부분인 우리나라에서 높은 지형에 대성전을 두려는 상하 위계의 유교정신을 적용한 것이다. 하지만 평지에 조성된 서울문묘와 나주향교는 전묘후학의 배치법을 따르고 있다.

72 종묘나 왕릉, 향교 등에 설치되는 신도는 예로부터 매우 신성시되었기 때문에 누구라도 함부로 밟을 수 없었다. 신도와 어도가 함께 설치된 것을 '삼도'라고 하는데 가운데는 혼령이 다니는 신도이고 좌측은 왕의 어도, 우측은 세자의 어도이다. 관람 시 신도가 보이면 밟고 지나지 않도록 유의하여야 한다.

원 등 입구에 세워 경건한 마음으로 출입하라는 의미를 갖는다. 제주향교의 홍살문은 헌종(憲宗, 1827~1849) 15년(1849)에 처음 세워졌는데 지금은 사라지고 없다. 또 외삼문 서측에는 교수가 기거하던 '수선당(首善堂)'이라는 강당(講堂)이 있었으나, 현재 제주중학교 교정이 자리 잡고 있다.

　1925년 일본의 고건축학자 후지시마 가이지로(藤島亥治郎)가 『조선과 건축』이라는 잡지에 '제주도의 건축'이라는 제목으로 기고한 글에는 제주향교와 관련된 내용과 그림들이 수록되어 있다. 일제강점기 시기에 조사하여 작성한 이 글에는 향교의 배치를 비롯하여 공포와 기와 등의 세부기법과 문양까지 자세히 묘사되어 있다. 이 글에 따르면 홍살문을 들어가 외삼문을 지나면 전면에 명륜당 일곽이 나온다고 기록하고 있으며, 그 서남쪽에는 대성전 일곽과 구릉 위에는 계성사가 있다고 표현되어 있다. 뿐만 아니라 대성전 전면에는 동무와 서무가 있었던 것으로 기록하고 있어 당시 원형을 알 수 있는 중요한 자료로 평가받고 있다. 또 일제강점기 시기에 촬영된 사진에서도 대성전 앞에 동무와 서무가 선명히 나타나 있다.

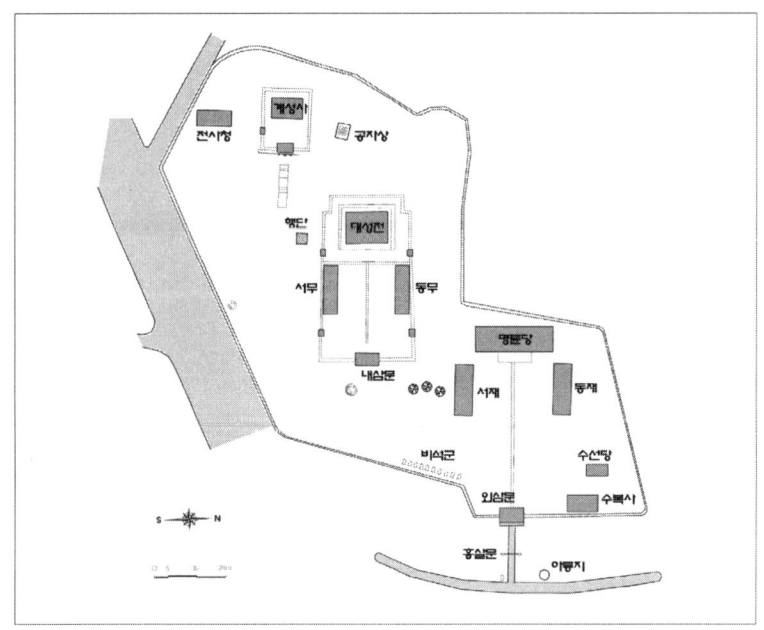

〈그림 10〉 제주향교 구 배치

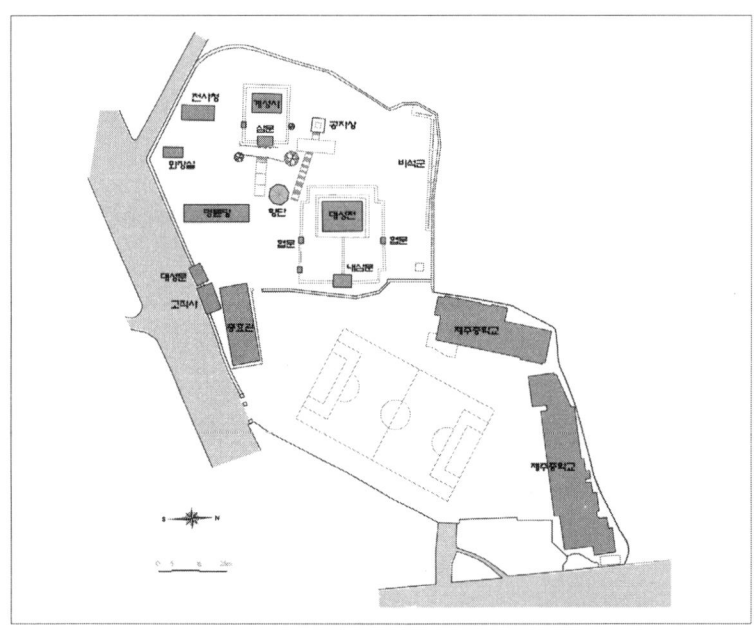

〈그림 11〉 제주향교 현 배치

〈그림 12〉 1913년 제주성 서문

제주향교 창건연대와 관련하여 학계에서는 여러 의견들이 분분하다. 우선 『태조실록(太祖實錄)』 권5, 태조 3년(1394) 3월 27일 병인(丙寅) 두 번째 기사에는 다음과 같이 기록되어 있다.

"도평의사사(都評議使司)에서 상언(上言)하였다. '제주(濟州)에는 일찍이 학교를 설치하지 아니하고, 그 자제(子弟)들이 나라에 들어와 벼슬하지 아니한 까닭으로, 글자를 알지 못하고 법제(法制)도 알지 못하여, 각소(各所)의 천호(千戶)들이 대개가 모두 어리석고 방사(放肆)하여 폐해를 끼치오니, 원하옵건대, 지금부터는 교수관(敎授官)을 두고 토관(土官)의 자제(子弟) 10세 이상을 모두 입학(入學)시켜, 그 재간을 양성하여 국가의 시험에 응시하게 하고, 또 서울에 와서 시위(侍衛)하고 종사(從仕)하는 사람은 천호(千戶)·백호(百戶)가 되게 하여 차부(箚付)

를 주게 하소서' 임금이 그대로 따랐다."[73]

이 글은 두 가지 의미로 해석될 수 있다. 첫 번째는 '일찍이 학교를 설치하지 아니하였다'는 문구를 보아 이전에는 향교가 없었으므로 태조 3년(1394년)에 향교의 설치를 건의한 것으로 해석될 수 있다. 두 번째는 학교에 교수관이 없었기 때문에 교수관을 두어 교육 여건을 제대로 갖추어야 한다는 것으로도 해석될 수 있다. 이런 해석이 가능한 이유는 당시 모든 지방 향교에 중앙에서 파견된 교수관(教授官)이나 훈도(訓導) 또는 교도(教導)가 파견되지 않았고 지역 유생들이 그 역할을 대신하기도 하였다. 나아가 고려 말기에는 고을에 따라서 향교건물 없이 교육이 이루어지기도 하였고, 혹은 관아나 사찰을 빌어 유생들을 교육한 경우도 많았기 때문이다.[74]

한편 고려 말 제주목에도 유학교수관이 파견된 것으로 추정할 만한 사료가 『고려사(高麗史)』 권77, 지 권제31, 백관2(百官 二)조에 기록되어 있는데, 그 내용은 다음과 같다.

"유학교수관(儒學教授官). 공양왕(恭讓王) 3년(1391)에 각 도의 목(牧)과 부(府)에 유학교수관을 두었는데. 공양왕 4년(1392)에 혁파하였다가 조금 뒤에 복구하였다."

---

73 『太祖實錄』卷5, 太祖 3年(1394) 3月 27日 丙寅 2번째 記事: ○都評議使司上言 "濟州未嘗置學校, 其子弟不入仕於國, 故不識字不知法制, 各所千戶, 率皆愚肆作弊。乞自今置教授官, 土官子弟十歲以上, 皆令入學, 養成其材, 許赴國試, 又以赴京侍衛從仕者, 許爲千戶百戶, 以給箭付." 上從之.

74 『東文選』卷78, 延安府鄕校記. "辛未夏。吾同年鄭君達蒙。爲是府敎授官。始至。無所於寓。假浮屠宮。聚童蒙以敎。未幾而罷。".

이 기록으로 미루어 제주목에도 유학교수관이 파견되어 있었음을 알 수 있다. 제주향교 창건에 관한 또 다른 기록은 태조 원년(1392)에 건립되었다는 기록이다. 1530년(중종 50)에 쓰인 인문지리서 『신증동국여지승람(新增東國輿地勝覽)』 제38권 전라도 제주목 학교조(學敎條)에는

향교는 성 안에 있다. 김처례(金處禮)[75]가 지은 비문(碑文)에, "우리 태조(太祖) 원년 임신에 학교가 완성되었고, 세종(世宗) 17년 을묘에 향교가 다시 지어졌다"라고 기록되어 있다.

따라서 이 두 개의 기록으로 말미암아 『태조실록』의 1394년(태조 3)설과 김처례 비문의 창건일자인 1392년(태조 1) 설이 서로 대립하고 있는 것이다.

다음은 김처례(金處禮)의 비문 원문이다.

我太祖元年壬申, 學校成, 世宗十七年乙卯, 鄉校再造. 成化丙戌春, 完山李公由義, 膺節制之命, 首謁文廟, 痛其樑壞, 慨然欲新. 謀諸判官長興李仁忠, 遂下營卒, 隨番供事, 令教授官文紹祖董之. 士投業而奔走, 工殫巧以經營, 使相每於公暇, 親臨指揮. 於是廟廡·齋舍·門墻·堂屋·籩豆·簠簋·几案·位版·廚庫·廁庁·庭除·道路, 不出數旬, 煥然一新. 鄉人·父老·學生·冠童, 耳目爭賀, 學業相勸. 且曰, "使相之功, 州之所無, 盍刊諸石, 以示于後?" 囑處禮銘之. 處禮爲之言曰, "學校興廢, 大關治道之盛衰, 黌舍旣

---

[75] 병조참의와 평안도 절제사 등을 역임했으나, 1465년(세조 11) 형 김처의의 반란(金處義一反亂)에 연루되어 제주로 유배되었으며, 이후 관노(官奴)에 귀속되었다.

修, 學規當新. 爲師者, 誠能奉世宗特賜之書籍, 將聖賢折中之經典, 使諸生口誦心惟, 朝益暮習, 揭晦翁白鹿洞規, 景仰不已, 察使相重修美意, 灑掃無斁, 知行竝進, 聖賢可期. 十室之邑, 尙有忠信, 三姓之地, 豈無豪傑? 處則敎誨子弟, 移孝爲忠, 出則奔走朝廷, 揚名後世, 以副盛朝漸磨・化成之意, 豈非州人之大幸也耶!"

이 김처례의 비문은 1466년(세조 12) 병미수군절제사(兵馬水軍節制使)로 있었던 이유의(李由義)가 향교를 중수하면서 당시 제주 관노(官奴) 소속의 교수관(敎授官)이었던 김처례에게 비문을 짓도록 했던 것이다. 비문에 의하면 태조 원년에 학교의 틀이 완성되어지고 세종 17년(1435)에 향교가 다시 지어졌다는 내용으로 보이나, 학교가 이루어졌다는 의미가 여러 해석을 낳을 수 있기 때문에 이 기록만으로 창건연대를 단정할 수는 없다.

하지만 이후의 사료와 중수기 등에도 태조 원년에 문묘가 이루어졌음을 나타내고 있다는 점, 그리고 『태조실록(太祖實錄)』과 『고려사(高麗史)』의 교수관 파견 문맥 등을 유추해 보아도 태조 원년(1392)에 초창이 이루어졌을 가능성은 매우 크다고 본다. 또 정조(正祖, 1752~1800) 때 왕명으로 편찬한 『태학지(太學志)』에도 제주향교가 태조 원년에 초창된 사실[76]을 명확히 기록하고 있다. 1398년까지 전국에는 170여 개소의 향교가 존재하였는데, 이 중 태조 원년(1392)에 창건된 것으로 알려진 향교는 전라도의 능주향교(綾州鄕校)와 옥과향교(玉果鄕校) 등 여럿이다. 반면 유학을 국시로 삼은 조선이 한양으로 천도한 이후 서울문묘(성균관)는 건국 후 6년이 지난 1397년(태조 6) 도평의사사가 문묘 터

---

[76] 『太學志』 卷13. 鄕學條.

를 살펴보았고[77], 1398년(태조 7)에야 비로소 창건이 이루어졌다. 이처럼 늦게 이루어진 데는 아마도 당시 개성에 성균관이 있었기 때문에 서두르지 않았던 것으로 보인다.

만일 김처례의 비문에 따라 태조 원년(1392)에 제주향교의 초창이 이루어졌다면 건축용 재료 준비와 인력 수급 등을 고려해 볼 때 고려 말부터 준비하고 있었을 것으로 추정된다. 당시 건축물 조영에 있어서 가장 중요한 부분을 차지하는 재료는 목재이다. 제주지역에서 가구용(架構用) 재목는 주로 한라산 중턱에서 수급되었기 때문에 벌목하고 건축지까지 수송한 후 마름질하는 데 상당한 시간이 소요될 수밖에 없다. 제주에는 벌목과 관련한 민요들이 전하는데 나무를 베는 날을 정하여 벌목하는 노래, 벌목된 나무를 깎고 다시 마름질하는 노래 등이 지금까지 전해지고 있다. 이런 민요들은 집단 협동작업을 통해 목재수급이 이루어졌음을 의미한다. 수송은 마소나 배로 이루어졌을 가능성이 크기 때문에 수송시간 또한 상당히 소요되었을 것이다.

뿐만 아니라 벌목된 가구재는 수축과 휨을 방지하기 위하여 껍질을 벗긴 뒤 최소 2~3년 이상 자연 건조를 거친 후 사용되었다. 또 하나의 중요한 재료 중 하나인 기와는 조선시대에 매우 귀하게 취급되었던 재료이다. 기와는 제작에 많은 비용과 시간이 들었기 때문에 폐사된 사찰 등에서 사용되었던 기와를 재사용하는 경우가 많았다. 『세종실록(世宗實錄)』권45, 세종 11년(1429) 8월 10일 갑신(甲申) 기사에는 기와 재사용에 관한 다음과 같은 기록이 나온다.

경상도 감사가 아뢰기를,

---

[77] 『太祖實錄』卷11, 太祖 6年 2月.

"인동 현감(仁同縣監)이 보고하기를, '고을에 가림사(加林寺)라는 절이 있는데 오랫동안 폐사(廢寺)가 되어서 살고 있는 중도 없으므로, 그 재목과 기와를 가져다가 창고와 향교를 수리하고 지붕을 덮게 해 주기를 원합니다' 하였고, 진주(晉州)에서도 또한 보고하기를, '관내(管內)의 영선현(永善縣)에는 공관(公館)이 황폐하여 대소 사신(使臣)들이 혹은 아전의 집에서 숙박하는 일이 있습니다. 고을에 신사(新寺)라는 절이 있는데 중이 살지 아니한 지 여러 해 되었으니, 그곳의 재목과 기와를 철거(撤去)하여다가 공관을 짓게 해 주기를 청합니다' 하였사오나, 청컨대 두 고을의 보고에 따라 시행하게 하소서" 하니, 그대로 따랐다.[78]

뿐만 아니라 조선시대에 폐사된 수정사(水精寺) 전각의 재료를 가져다가 제주성 남쪽의 연무정(演武亭)을 보수하였다는 기록[79]도 남아 있다.

이렇듯 초창(初創)의 경우는 이건(移建)과 달리 가구재에 사용될 모든 목재를 준비하여야 하기 때문에 목재 수급에 더 많은 시간을 필요로 하였고, 기와 등의 재료도 재사용되지 않으면 수급에 상당한 시간이 소요됐기 때문에 초창 과정에서는 상당한 준비기간이 필요할 수밖에 없다.

한편, 고려 중기까지 향교는 제향공간과 강학공간을 따로 구분하지 않았다. 대성전을 중심영역에 두고 그 앞에 동무와 서무를 두어 유생들을 교육시키는 묘학동궁(廟學同宮) 형식이었는데, 이는 강학공간을 별도로 분리한 조선시대보다는 간소한 형식이라 할 수 있다. 이렇듯 제주향교가 초창될 당시 이전에 간략한 문묘 형태를 먼저 갖추고 있었을 가능성에 주목해 볼 필요가 있다. 이런 배경에는 고려 후기 제주목으로 개

---

78 ○慶尙道監司啓: "仁同縣監報: '縣有加林寺, 久廢無僧, 願以材瓦, 修葺倉庫及鄕校.' 晉州亦報: '任內永善縣公館荒廢, 大小使客, 或止宿人吏家, 縣有新寺, 僧不居者有年, 願撤材瓦造公館.' 請依兩邑所報施行." 從之.

79 『知瀛錄』, 肅宗 20年, 9月 27日.

편되기 전에는 군과 현으로 분류되었다. 지방 군현의 형식에 따라 동·서 무가 없는 제향공간과 더불어 지역 유지들에 의한 교육 형태가 이루어지고 있었을 가능성은 매우 크다고 본다.

1392년(태조 1) 옛 교동(校洞)인 현 제주은행 본점 맞은편 향교전(鄕校田) 자리에 초창(初創)된 제주향교는 이후 다섯 차례의 이건(移建) 과정을 겪게 된다. 이건 과정에서는 지방민들의 징발도 이루어졌는데 바쁜 농사철을 피하여 역역(力役)이 이루어졌다. 뿐만 아니라 판관들도 직접 일손을 도왔다. 『고려사(高麗史)』 기록[80]에 의하면 고려 중기 문종(文宗, 1019~1083) 때 제주지역민들이 육지 지역으로 사찰 창건에 동원되기도 하였다. 이 기록으로 미루어보아 제주인들은 이런 과정을 통해 상당한 건축술을 습득했을 것으로 추정된다.

〈그림 13〉 지금의 교동

---

[80] 『高麗史』世家 卷8, 文宗 12年 8月. "且耽羅, 地瘠民貧, 惟以海産, 乘木道, 經紀謀生, 往年秋, 伐材過海, 新創佛寺, 勞弊已多, 今又重困, 恐生他變, 況我國文物禮樂, 興行已久, 商舶絡繹, 珍寶日至, 其於中國, 實無所資, 如非永絕契丹, 不宜通使宋朝, 從之".

첫 번째 이건은 1582년(선조 15)에 목사 김태정(金泰廷)이 가락천 동쪽 고령전(古齡田)[81]으로 이건하였다. 「제주신향교이창기(濟州新鄉校移創記)」[82]에 따르면 당시 향교의 자리가 민가들 사이에 있고 관덕정(觀德亭)의 사장(射場)이었던 활터와 너무 가까이 있어 옮겼다고 기록되어 있다. 당시 고령전은 일도 1동 구 영락교회 서쪽 오현단 다리 북쪽 밑 부근이다. 본래 이곳은 조용하고 성시(城市)와 멀리 떨어져 있어 향교의 자리로 적합하였다고 한다. 이때 조영된 동재를 경의(敬義)라 하였고 서재를 성명(誠明)이라 하였다.[83]

〈그림 14〉 지금의 고령전

두 번째 이건은 1668년(현종 9) 목사 이인(李寅)에 의해 이건하게 되는데, 지금 고령전 자리는 축축하고 눅눅한 비습지(卑濕地)라 하여 초창 터였던 교동으로 다시 옮기도록 하였다. 조선 중기 주자학의 대가

---

81 제주시 일도 1동 1102번지. 고령포(古齡浦)라고도 하였는데, 당시에는 바다가 이 지역까지 연결되어 있었다.
82 1652년(효종 3) 제주향교 교수였던 신찬(申贊)이 지었다.
83 「增補耽羅誌」第3, 學校條.

이자 우리나라 18현(十八賢) 중 한 사람인 우암(尤庵) 송시열(宋時烈, 1607~1689)은 1689년 제주로 유배되었을 당시 지금의 칠성통 인근[84]에 적거하였는데, 그는 이곳 향교에서 경전을 가져다 읽었다고 한다. 우암의 적거지와 교동(校洞)의 제주향교와는 1리(里)도 안 되는 거리로서 매우 가깝다.

한편 「탐라순력도(耽羅巡歷圖)」 '제주조점(濟州操點)'에 나타난 제주향교의 배치는 대성전을 중앙에 배치하고 있어 전묘후학(前廟後學) 형식으로 추정되는데, 탐라순력도가 그려진 시기로 미루어 보아 두 번째 이건 위치인 향교전이다. 당시 제주향교의 전묘후학 배치는 비슷한 시기에 초창된 서울문묘(성균관)와 나주향교(羅州鄕校)의 배치 형식과도 유사할 뿐만 아니라 규모 또한 상당했었음을 알 수 있다.

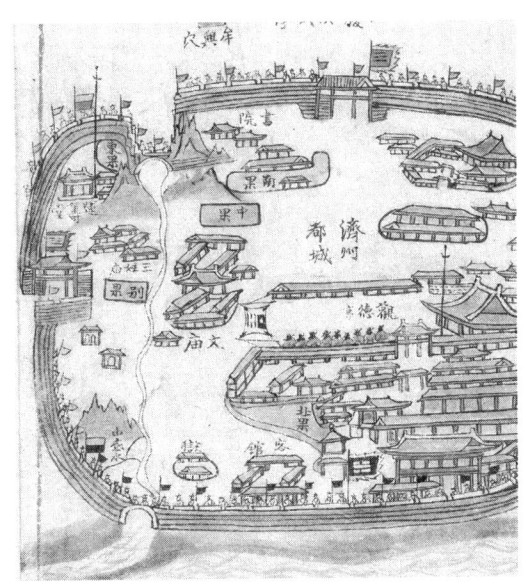

〈그림 15〉 탐라순력도 제주조점

---

84 제주시 일도1동 1317번지.

세 번째 이건은 1724년(경종 4) 제주성안에 큰 불이 나서 초가 40여 채가 소실되고 43명의 사망자가 발생하였는데, 당시 화재가 향교에 옮겨 붙어 문묘와 명륜당 등이 모두 소실되고 동무와 서무만 남았다. 이에 목사 신유익(愼惟益)은 새로운 향교 터를 물색하였지만, 고령전 터만한 곳이 없다 하여 다시 가락천 동쪽 고령전으로 옮기게 된 것이다. 이 일로 말미암아 이후 두 차례 이건은 민가와 멀리 떨어진 곳으로 옮겨지게 된다. 1724년 신유익 목사가 쓴 이건기에 따르면 이곳에 이건될 당시 대성전은 남면(南面)하지 않고 경사지형에 맞추어 좌향(坐向)한 것으로 보인다. 뿐만 아니라 기존 양식과 제도를 그대로 따라 지어졌다고 기록하고 있는데, 이는 초기 조영양식 등이 그대로 계승되어 중건되었음을 추정해 볼 수 있는 대목이다. 그렇기 때문에 초기 조영양식과 기법 등이 현재 제주향교에 남아 있을 가능성도 농후하다.

한편 제주향교가 이곳에 이건된 이후 제작된 고지도에도 제주향교의 위치와 규모가 명확히 나타나 있다. 특히 고지도에서 주목되는 점은 향교의 배치 형태가 향교전에 초창할 당시와 동일한 형식인 전묘후학 배치로 추정된다는 점이다. 이 당시 제작된 것으로 추정되는「제주목도성지도(濟州牧都城之圖)」[85]에도 대성전과 명륜당이 잘 표현되어 있는데, 대성전을 전면에 두고 후면에는 솟을지붕으로 조영한 명륜당이 그려져 있다. 전형적인 전묘후학의 배치 형식이다.

---

85 「탐라순력도」제작 이후, 18세기 전반기에 제작된 것으로 추정되는 지도로서 개인이 소장하고 있다.

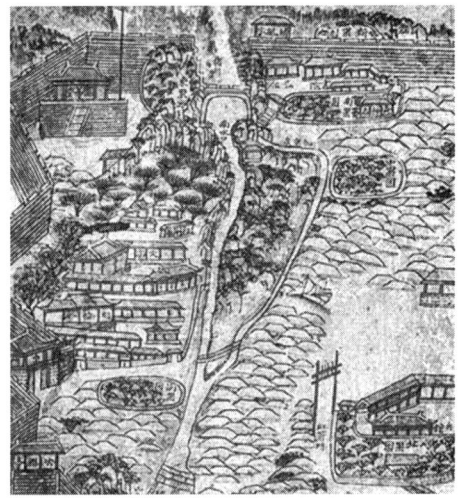

〈그림 16〉 제주목도성지도에 나타난 고령전의 제주향교

이때 세워진 향교중수비(鄕校重修碑)[86]가 지금의 제주제일고등학교 교정에 옮겨 세워져 있으나, 비문의 내용은 모두 마멸(磨滅)되어 확인할 수 없다.

〈그림 17〉 제주일고 교정의 향교중수비

---

86 건학비(建學碑) 또는 근학비(勤學碑). 1968년 1월 24일자 경향신문)라고도 한다. 이 비는 1962년 고령전에서 김봉옥 씨가 발견하여 당시 제주제일고등학교(현 삼성초등학교)에 세웠다가 1983년 현재 위치(노형동)로 옮겨졌다.

네 번째 이건은 1755년(영조 31) 목사 홍태두(洪泰斗)가 전임목사 김몽규(金夢煃)의 건의를 받아들여 이루어졌는데, 당시 고령전 향교 터는 낮고 습기가 너무 많다는 것이었다. 이때 옮긴 자리가 남문(南門) 밖 3리쯤에 있는 광양(廣壤) 땅, 현 삼성초등학교 자리[87] 서쪽 부근이다.

〈그림 18〉 현재 삼성초등학교 서쪽 전경

마지막 다섯 번째는 현재 위치인 용담동에 이건되었는데, 1827년(순조 27) 목사 심영석(沈英錫)이 광양 땅의 향교 자리가 산을 마주보고 바다를 등져 있어 땅의 형세가 거슬리고 갑작스런 바람과 괴이한 비를 많이 받게 된다는 이유로 장계(狀啓)를 올려 조정에 건의하였다. 이윽고 조정에서는 이를 수락하였는데 목사 심영석은 그해 체임(替任)하게 된다. 이후 후임목사 이행교(李行敎)에 의해 제주성 서문(西門) 밖 2리, 현재의 위치로 옮겨져 지금에 이르고 있다.

---

87 제주시 이도1동 1650-1번지.

〈그림 19〉 제주향교 항공

〈표 3〉 제주향교 초창 및 이건 연혁

구분	연도	초창 및 이건 위치	목사	비고
초창	1392년 (태조 1)	향교전(鄕校田)	유구산 (庾龜山)	현 제주은행 본점 인근(교동)
첫 번째 이건	1582년 (선조 15)	고령전(古齡田)	김태정 (金泰廷)	산지천 동쪽 동문시장 내
두 번째 이건	1668년 (현종 9)	향교전(鄕校田)	이인 (李寅)	현 제주은행 본점 인근(교동)
세 번째 이건	1724년 (경종 4)	고령전(古齡田)	신유익 (愼惟益)	산지천 동쪽 동문시장 내
네 번째 이건	1755년 (영조 31)	광양(廣壤)	홍태두 (洪泰斗)	현 삼성초등학교
다섯 번째 이건	1827년 (순조 27)	용담동(龍潭洞)	이행교 (李行敎)	현 위치

제주향교가 현 위치에 이건될 당시의 배치 형식과 현재 배치 형식은 완전히 다르다. 이건 당시 배치는 대성전이 남쪽 경사면 위쪽에 동향하여 자리 잡은 현재 위치이다. 그러나 명륜당은 그 좌측 아래쪽에 위치하

여 전학후묘(前學後廟)의 형태를 갖추고 있었다.[88] 하지만 1946년 제주 향교 내에 현 제주중학교의 전신인 제주초급중학교가 인가되어 운영되고, 1953년 제주상업고등학교가 추가로 인가되면서 1957년 학교를 확장하게 된다. 이때 동무(東廡)와 서무(西廡)가 철거되고 교정으로 조성되었다.

향교는 은행나무와 연관이 깊다. 공자가 살구나무 아래에 단(壇), 즉 강학할 수 있는 공간을 만들어 놓고 그곳에서 제자들을 가르쳤다고 전한다. 이 살구나무가 우리나라로 넘어오면서 은행나무로 바뀌게 되는데 정확한 경위는 밝혀지지 않았다. 다만 『조선왕조실록』에는 살구나무가 '행(杏)'으로 기록되어 있고, 은행나무가 같은 한문 '행(杏)'을 쓴다는 점에서 동일한 것으로 추정되고 있다. 이 은행나무의 원산지는 중국 양자강 하류의 천목산(天目山)으로 알려져 있다.

〈그림 20〉 중국 양자강 하류의 천목산

한편 서울문묘(성균관) 경내에도 은행나무로 장관을 이루고 있는데 그중 명륜당 앞 은행나무는 수령이 400년에 이르며, 현재 천연기념물로

---
88 國立文化財研究所, 前揭書, P.180.

지정하여 보호되고 있다. 제주향교 경내에도 은행나무가 몇 그루가 식재되어 있는데 수령은 그리 많지 않은 것으로 보인다. 대성전 동쪽에는 1985년 철근콘크리트 구조로 복원된 '행단정(杏壇亭)'이라는 사모정이 있었는데, 최근 철거하여 목조 팔각정자로 다시 지었다. 이 행단정은 네 벌대의 높은 기단 위에 민도리 양식을 사용하여 조영하였으며, 겹처마 지붕과 상륜부를 둔 정자형식이다. 전면에는 소암(素菴) 현중화(玄中和, 1907~1997) 선생[89]이 쓴 '행단(杏壇)'이라는 편액(扁額)이 걸려 있다.

〈그림 21〉 서울문묘 은행나무

〈그림 22〉 제주향교 은행나무

---

89 서귀포시 법환동(法還洞) 출신의 서예가이다. 1925년 일본에서 유학하면서 서예를 배웠는데, 지방의 서예 활성화에 큰 공로를 남긴 인물이다.

〈그림 23〉 제주향교 행단정

〈그림 24〉 행단정 편액

    조선 후기까지 제주에서는 일반적으로 관(官) 주도의 용도를 제외하고는 정자(亭子) 건축물이 보편화되지 않았다. 제주인들에게 정자를 지어 쉴 만큼의 경제적인 여유가 없었을지도 모르겠으나, 시민들이 사용하였던 정자에 관한 기록은 아직까지 발견된 바가 없다. 오히려 정자 대신 큰 나무 밑에 돌 등으로 평평하게 조성하여 '대(臺)'를 만들고 선비들의 풍류장소로 쓰거나 마을 주민들의 담소장소로 활용되어 왔다. 특히 마을 주민들이 사용했던 일종의 '대'는 초기에 간단히 앉아 쉴 수 있는 돌만 놓았는데, 1960년대를 지나면서 시멘트로 바닥을 마감하여 사용하기 시작하였다.

　지금도 마을 어귀의 큰 나무 밑에는 '대'를 조성하여 마을 주민들이 옹기종기 앉아 담소를 나누는 모습이 목격되곤 하는데, 제주인들의 고단했던 삶을 풀어 주는 중요한 휴식과 담소의 공간이다. 한림읍 명월리에는 팽나무 수림과 잘 어우러져 선비들의 풍류장소로 쓰였던 '명월대(明月臺)'와 성읍마을의 팽나무 밑에 조성되어 서민들의 담소 공간으로 쓰였던 '대'는 지금도 잘 보존되어 있다. 필자도 어린 시절 마을 내에 있었던 '대'에서 장기(將棋)를 두었던 기억이 새롭다.

　제주에서 이 '대(臺)'라는 명칭은 선비들의 풍류장소로 쓰였을 때 일컬어지는 명칭이며, 서민들의 쉼터로 사용될 때는 소위 '낭 아래'라 불렸다. 또 이 '낭 아래'에서 잠시 쉬는 것을 '건 불린다'라고 하였는데, 이 때문에 제주의 마을 어귀에서는 '건 불령 갑써'라는 익숙한 소리가 지금도 귓가에 맴돈다.

〈그림 25〉 한림읍의 명월대

⟨그림 26⟩ 성읍마을 팽나무 밑 '대'

서문로변에 위치한 제주향교의 현재 정문인 대성문(大成門)은 1974년에 지어졌는데, 솟을삼문 형식의 목조 건축물로서 맞배지붕 형식이다. 본래 제주향교의 외삼문, 즉 정문은 현재 제주중학교 교정에 있었지만 1957년 철거되었다. 지금의 대성문은 정면 3칸 규모로서 장주형 초석과 원주를 사용하였고 공포는 초익공형식으로 구성하였다. 단청은 대성전과 유사한 형식을 갖춘 모로단청이다.

이 대성문을 출입할 때는 향교의 유교적 예법에 따라 출입하여야 하는데 들어갈 때는 우측 협칸의 입문(入門)으로 들어가고 나올 때는 좌측 협칸의 출문(出門)을 통하여 나와야 한다. 이 동입서출(東入西出) 예법은 전국의 향교나 왕릉 등에서 통용되는 예로서 우리나라의 삼문 형식에서는 통상 이 형식을 규정하고 있다. 가운데 정칸은 신(神)이 출입하는 문으로서 일반인의 출입에는 사용되지 않는다. 그렇기 때문에 이런 형식의 출입문을 '삼문(三門)' 또는 '신삼문(神三門)'이라 부르며 신의 출입문인 정칸 부분을 높여 짓는 것이다. 따라서 향교를 방문할 때는 관람객의 입장에서 이런 예법들을 존중하고 그 유교적 의미들을 되새겨 보는 것도 좋겠다.

1. 계성사(啓聖祠)

계성사는 오성(五聖)의 아버지 위패를 따로 봉안하여 제향을 지내는 사당이다. 본래 오성의 아버지 중 곡부후(曲阜侯) 안무유(顔無繇)와 내무후(萊蕪侯) 증점(曾點), 사수후(泗水侯) 공리(孔鯉)는 공자의 제자이기 때문에 동무와 서무에 종향되어 있었는데, 그들의 자식인 안자(顔子), 증자(曾子), 자사(子思)는 정전(正殿)에 배향되어 있어 부자(父子)의 등급(等級)으로 보아 타당하지 않다[90]는 의견들이 제시되었다. 이런 이유로 공자를 비롯한 5성의 아버지는 대성전 위쪽에 자리한 계성사에 모시게 되었다. '계성사(啓聖祠)'라는 전각은 1701년(숙종 27) 서울문묘(성균관)에 처음으로 건립하고 나주향교 등 전국 주요 향교에도 건립되지만 해방 후에는 거의 다 훼철되었다.

〈그림 27〉 제주향교 계성사 전경

---

90 『宣祖實錄』卷133, 宣祖 34年 1月.

현존하는 우리나라 향교 중에는 전주향교(全州鄕校)와 제주향교에만 계성사가 남아 있다. 제주향교 계성사는 지금의 용담동(龍潭洞)으로 이건된 이후 27년이 지난 1854년(철종 5) 가을에 창건되었는데, 당시 유생(儒生)인 김몽신(金夢臣), 김영태(金英泰), 신상흠(愼尙歆), 고사징(高泗澄) 등의 건의에 따라 목사 목인배(睦仁培)[91]가 조정에 상소하여 건립하게 되었다. 당시 계성사를 건립하면서 건립 연유와 일시 등을 기록한 상량문(上樑文)[92]이 국립제주박물관에 보관되어 있다.

〈그림 28〉 제주향교 계성사 상량문[93]

계성사에는 5성의 위패가 배향되어 있는데 공자(孔子)의 아버지인 제국공(齊國公) 공숙량흘(孔叔梁紇)을 정위로 하고 안자(顔子)의 아버지

---

91 조선 후기의 문신으로서 본관은 사천(泗川), 자는 치익(稚益), 호는 희은(喜慇)이다. 1853년 12월부터 1855년 8월까지 제주목사를 지냈는데, 1854년 계성사를 창건할 때 지은 「계성사 상량문(啓聖祠上樑文)」이 지금까지 남아 있다. 또 그는 영주십경(瀛洲十景)으로 잘 알려진 제주의 향토학자 매계(梅溪) 이한우(李漢雨, 1823~1881)의 글솜씨에 감탄하여 남국산두(南國山斗)라 칭했다고 한다.

92 상량제(上樑祭)는 건축물 조영 과정에서 치러지는 가장 대표적인 전통의식이다. 일반적으로 종도리를 올릴 때 지내는 상량제는 길한 날을 미리 택일하여 치러지게 되는데 이때 비단이나 종이에 건축 동기와 내력, 기원 등을 적은 상량문을 쓴 후 종도리나 장여에 홈을 파서 넣거나 길게 붙인다. 특히 제주지방에서는 장닭을 종도리에 올려 자귀로 목을 친 후 머리가 떨어지는 방향으로 길흉을 점치기도 하였는데 동쪽으로 떨어지면 재력운이 좋다고 보았고, 남쪽으로 떨어지면 장수운이 좋으며 서쪽으로 떨어지면 가난함, 북쪽으로 떨어지면 단명운으로 보았다. 상량(上樑)이 완료되면 집의 가신(家神)이 탄생하게 되는 것으로써 중국 육조시대 때부터 이 상량제 의식이 치러지고 있었던 것으로 추정된다.

93 국립제주박물관 소장.

인 곡부후(曲阜侯) 안무유(顔無繇), 증자(曾子)의 아버지 내무후(萊蕪侯) 증점(曾點), 자사(子思)의 아버지 사수후(泗水侯) 공리(孔鯉), 맹자(孟子)의 아버지 주국공(邾國公) 맹격(孟激)을 좌우에 배향하고 있다.

　제주향교 정문 대성문(大成門)을 들어서면 정면으로 대성전(大成殿) 측면이 보이고 좌측으로는 명륜당(明倫堂)이 남북으로 길게 좌향하고 있다. 명륜당과 대성전 사이를 가로질러 남서쪽 구릉을 올라가면 계성사 일곽이 눈앞에 나타난다. 계성사를 중심으로 전면에는 정면 3칸, 측면 1칸의 삼문을 두었으며, 좌측에는 정면 1칸의 협문이 자리 잡고 있다. 일곽으로는 현무암과 몽돌 일부가 섞여 허튼층으로 겹담을 두르고 있다. 이 몽돌은 제주지역에서도 일부 해안지역에서만 발견되는 둥근 형태의 돌로서, 제주향교가 해안과 가까운 지역임을 보여 주는 표식이기도 하다. 제주지역 향교 중 이런 형태의 담장은 오직 제주향교에서만 볼 수 있는 명물이다. 둥근 몽돌과 거친 현무암을 잘 조합하여 축담한 이 담장은 오랜 세월을 지나왔음에도 켜켜이 얽혀 그 원형을 잘 유지하고 있다.

〈**그림 29**〉 제주향교 대성문

〈그림 30〉 제주향교 몽돌 담장

〈그림 31〉 제주향교 담장 해체 보수 시 전경

　계성사 삼문은 1854년(철종 5) 계성사 건립 당시의 원형을 잘 보존하고 있다. 삼문을 신문(神門) 또는 신삼문(神三門)이라고도 하는데 평상시 이 삼문의 출입문은 닫아 둔다. 세 칸으로 구성되어 있어 삼문이라고도 하는데 중앙 정칸 문은 신이 출입하는 문이고, 양쪽 측면의 협칸 문은 일반 관람객이나 관리인이 출입하는 문이다. 특히 석전 때에는 중앙의 정칸 문을 개방하여 헌관(獻官)만이 출입하고 양쪽에 있는 협칸 문은 제관(祭官)들이 동쪽 문으로 들어가 서쪽 문으로 나온다. 이 동입서출(東入西出) 출입방식은 정문인 대성문과도 같다. 삼문은 3량가(三樑

架)[94]의 맞배지붕으로서 솟을지붕 형태를 갖추고 있으며, 민도리 양식으로 구성되었다.

출입문 전면은 뇌록색[95]으로 가칠하였고, 후면은 석간주색[96]으로 가칠하였다. 흥미로운 것은 정면 평주 초석은 여러 단으로 구성하였고, 후면 평주 초석은 한 단의 장주초석으로만 구성되었다는 것이다. 기존 초석 위에 한 단의 초석을 더 얹혀 이중 초석으로 구성하였는데, 이런 기법의 초석 구성방식은 좋은 재목을 구하기 힘들었던 제주지역에서 어쩌면 당연한 드잡이[97] 방식이었는지 모르겠다. 전면에만 이런 이중초석 형식으로 드잡이 방식을 적용한 것인데, 이것은 비바람을 심하게 받는 전면 기둥은 빨리 부후되기 때문에 썩은 부분을 잘라내어 그 공간에 돌을 가공하여 초석형태로 끼워 넣은 것이다. 이런 방식은 타 지방에서는 찾아보기 힘든 양식이다.

제주시 이도일동에 있는 삼성혈 숭보당(崇報堂)은 조선 후기에 지어졌는데, 전면 평주에는 계성사 삼문과 동일한 이중초석 방식이 적용되어 있다. 아마도 보수할 때 추가되어 적용된 방식으로 보이는데, 높게 추가되어진 현무암 초석이 독특하게 느껴진다. 또 초석 상부에는 소금을 넣기도 하는데 이는 목재의 부식을 방지하기위한 방법으로 다른 지방에서도 흔히 사용되는 방법이다. 더욱이 제주에서는 소금과 더불어 닭의 피도 함께 묻혀 두기도 하였는데, 이는 주술적 의미가 강한 것으로 보인다. 제주에서는 이런 액막이 행위를 '방쉬' 또는 '방법'이라 하였다. 닭이

---

94 세 개의 도리로 구성된 지붕가구.
95 진한 녹색과 유사한 색으로써 경북지방의 뇌성산(磊城山)에서 채굴된 광물로 만들어진 색상이다.
96 산화철이 많이 포함된 흙에서 산출된 갈색의 색. 대지의 기운이나 액막이 의미로 사용되는 색상이다.
97 기울거나 내려앉은 문화재를 해체하지 않고 보수하는 방식이다.

울면 어둠이 걷히고 동이 터 오른다. 닭의 울음소리가 모든 귀신을 내쫓는 것이다. 때문에 닭은 귀신과 액운을 쫓는 상서로운 벽사(辟邪) 동물로 상징됐으며, 잡귀를 쫓거나 부정(不淨) 타는 것을 방지하기 위해 닭의 피가 자주 사용되었다.

〈그림 32〉 삼성혈 숭보당 전면

예로부터 우리나라에서는 무위자연(無爲自然) 사상의 영향을 받아 자연 상태의 목재를 인위적으로 변형하지 않고 목재가 가진 자연적 성질을 최대한 살리는 기법을 사용하여 건축물이 조영되어 왔다. 물론 도구의 한계나 인력 제한으로 인해 나타난 면도 일부 있으나, 사례는 많지 않다. 사상적 조류가 건축물이 조영되고 보수되어지는 과정에서 이어졌다고 보는 게 타당하다. 이를테면 자연적으로 구부러진 목재의 보편적 사용 혹은 기둥 보수 시 갈램은 그대로 두고 부후된 부분만 잘라내어 동바리 이음을 하는 방식으로 기존 부재를 최대한 재사용하는 기법들이다. 한편 목재가 갈라지는 현상인 윤할(갈램)은 아무리 건조를 잘하거나, 좋은 재목을 사용하더라도 자연적으로 발생하는 현상으로서 직접적인 구조문제와는 결이 다르다. 일반적으로 기둥은 수직하중에 의한 압축력을 저항하기 때문에 윤할에 의한 구조적 취약성은 그리 크지 않다. 오히려 윤할보다는 부후에 의한 구조상 취약성이 더 크다고 할 수 있다. 그런데 갈라진 틈을 처리하는 기법을 보면 같은 동양계에서도 나라마다 차이가 난다.

일본에서는 목재의 자연적인 윤할에 세와리(背割り, 등 켜기) 기법이나 꺽쇠 등을 사용하여 처리하는 데 반해 우리나라에서는 자연적인 갈램을 그대로 두어 자연적인 현상을 존중하였다. 그렇지만 우리나라에서도 일본의 세와리 기법과 유사하게 윤할을 인위적으로 처리한 예도 있다. 전남 순천(順天)의 송광사(松廣寺) 해청당(海淸堂) 기둥에는 은장(나비장)을 사용하여 정교하게 나무의 자연적인 윤할을 의장적으로 보완하였는데 이런 사례는 매우 드물다. 최근에는 현대 보수기법을 일부 적용하여 제한적으로나마 인공재료인 수지 등을 사용하기도 한다.

계성사 삼문 정칸에는 원형대공을 세웠고, 양 협칸에는 동자주를 세웠다. 하지만 대성전 영역의 내삼문에는 모두 동자주 형식을 취하였다. 이 또한 유교적 관점에서 계성사의 격을 더 높이려는 의도로 읽히기에 충분하다. 계성사 삼문에는 더 재미있고 독특한 조영기법이 적용되었다. 협칸 높이를 낮추기 위해 측면 도리를 파서 서까래를 받친 것이다. 이런 기법으로 인해 계성사의 협칸문 높이는 일반적인 협칸문에 비해 매우 낮게 조성되었다. 공자의 아버지를 포함한 5성의 위패를 봉안한 곳이기 때문에 출입문을 일부러 낮게 조성하여 낮은 자세로 5성에 대한 예를 갖추게 할 의도였는지 모르겠다. 하지만 도리까지 파내서 서까래를 받치는 방식은 구조적인 취약성을 감수하면서 취한 과감한 방식임에는 분명하다.

〈그림 33〉 제주향교 계성사 삼문

〈그림 34〉 도리를 파낸 구조

낮게 조영된 삼문을 들어서면 정갈한 규모의 계성사(啓聖祠)가 눈앞에 드러난다. 1854년(철종 5)에 창건된 이 계성사는 정면 5칸, 측면 4칸 규모로 지어졌는데, 팔작지붕으로서 이익공 양식으로 조영된 전각이다. 전면 퇴칸은 대성전과 같이 개방하여 박석을 깔았고, 두벌대 현무암 기단 위에 초석을 놓아 원주를 세웠다. 사면 중 전면 평주의 초석만 노출되었는데, 삼문과 마찬가지로 전면에만 이중 초석 형태이다. 기존 장주형 초석 위에 드잡이 보수 시 한 단 더 얹은 것으로 추정된다. 양쪽 측면과 후면에는 현무암을 허튼층으로 쌓아 화방벽(火防壁)을 조성하였다.

이 화방벽은 우리나라에서 서울문묘와 인천향교(仁川鄕校), 양주향교(楊州鄉校), 청풍향교(淸風鄉校) 등 주로 경기지방 향교에 조성되어 있는데, 제주지역 3개 향교 대성전은 모두 화방벽으로 구성하였다. 이는 습기가 많은 제주의 지역적 기후특성을 우선 감안하였다고 생각되는데, 민가 건축물에도 이 형식이 적용되어 왔다. 내부 평주는 일반 가구법을 그대로 적용하되 그 겉면만 화방벽으로 감싸서 마감한 것이다. 특히 현무암 허튼층으로 쌓은 화방벽을 강회줄눈으로 충진하여 비가 들어오는 것을 막았는데 인공미가 가미되지 않은 자연스러운 형태로 돌 모양에 따라 조성하였다. 강회는 생석회를 피우고 물과 흙을 반죽하여 만들어지는데 삼국시대의 고분이나 성곽 등에서도 사용되었던 재료이다.

특히 백제시대에는 일본에도 강회다짐 기법이 전해졌는데 나라현 동대사(東大寺)에서 가장 오래된 법화당(法華堂, 삼월당) 벽면에도 이 강회기법이 사용되었다.

〈그림 35〉 일본 나라현의 동대사 법화당

마감기법에서 느껴지는 선조들의 섬세함은 향교에 대한 그들의 애정을 고스란히 담고 있다. 제주의 축담기법은 상당히 독특하다. 담을 쌓은 것을 "축 단다"라고 하는데, 담에 사용된 현무암은 매우 단단하였기 때문에 세밀히 가공되지 않은 자연스러운 형태의 돌을 사용하였다. 이 돌은 서로 결 방향으로 맞추어 가며 담을 쌓아 올렸는데, 하부에는 굵은 돌을 놓아 균형을 잡았다. 또 자연석을 허튼층으로 쌓은 후에는 바람이 들어오는 것을 막기 위해 외부에 흙과 보릿짚을 섞어 흙질을 하였는데, 이때 오랫동안 짐성이 생기도록 발로 이긴 후 손으로 돌 사이를 발라 마감하였다. 이런 축담법은 육지 지방의 토석담 형식과는 완전히 다른 방식으로서, 제주인들의 지혜와 자연재료가 잘 결합된 것이라 할 수 있다.

또 모퉁이에는 면석보다 큰 돌을 사용하여 기둥 역할을 하게 함으로써 구조적으로 취약할 수 있는 돌담을 보강하였다. 사실 이 모퉁이 보강법은 전 세계적으로 사용돼 왔던 기법이다. 중남미 국가인 페루의 잉카 유적지 마추픽추(Machu Picchu)에서도 볼 수 있고, 일본의 '산목쌓기(算木積み)'라는 성곽 축성법에서도 볼 수 있다. 한편 제주지역의 자연석쌓기 방식은 일제강점기를 거치면서 변화를 겪게 되는데 견치석을 마름모 형태로 쌓는 '견치쌓기(경치돌쌓기)' 방식이나 세밀하게 가공하여 맞댄 면을 맞추어 쌓는 '절입쌓기' 방식 등이다. 이런 방식들은 일본의 성곽 등에서 볼 수 있는데, 일제강점기 시기 우리나라에 유입된 것으로 보인다. 안타깝게도 제주지역에는 일본 축담 기법에서 유래되어진 방식으로 쌓은 담장들을 많이 볼 수 있으며, 일부 석공들에 의해 그 기법이 지금까지도 이어지고 있다. 뿐만 아니라 최근 개발붐에 힘입어 주변에는 겹담형식의 담장들이 늘어나고 있다. 이 담장들은 어디서 유래되었는지 모를 축담법으로 쌓아져 제주 곳곳을 채워 가고 있다. 이는 자칫 제주 돌담이 가진 원형을 왜곡하고 대중들에게 잘못된 시각으로 각인시

키지 않을까 하는 우려가 앞선다.

〈그림 36〉 제주 자연석 허튼층쌓기　　〈그림 37〉 경치돌쌓기

〈그림 38〉 페루 마추픽추 유적

그럼에도 불구하고 최근 제주 밭담이 세계중요농업유산(GIAHS)으로 지정되면서 제주 돌담에 대한 연구들이 늘어나고 있고 이에 따라 제주전통 축담 기법에 대한 관심도 또한 증가하고 있음은 매우 다행스럽게 생각한다.

한편 우리나라에도 맞댄 면을 정교하게 다듬어 쌓는 그렝이 기법이 고대부터 사용되어왔다. 대표적으로는 통일신라시대에 조성된 불국사 석축과 조선시대에 조성된 수원 화성의 성벽에 이 기법이 적용되어 있는데 오래 전부터 우리나라에도 이 같은 기법이 전승되어 사용되어 왔음을 보여 주는 것이다. 재미있는 점은 제주 관덕정 기단에도 수원 화성에 사용된 그렝이 기법이 보인다는 사실이다.

〈그림 39〉 불국사 석축 그렝이 기법   〈그림 40〉 수원 화성 성벽

〈그림 41〉 제주 관덕정 기단   〈그림 42〉 페루 쿠스코 유적

계성사 전면 바닥은 두벌대 기단으로 조성되었는데 방형의 자연석을 깔아 전면 퇴칸 내부까지 이어져 있다. 전면 정칸은 네 짝 세살청판문을 두었으며, 협칸은 두 짝 세살청판문으로 구성하였다. 또 퇴칸은 벽선이 있는 심벽으로 구성하였으며, 양쪽 측면과 후면은 창방 두 자(尺) 밑까

지 화방벽으로 쌓아 올렸다. 가구(架構)는 2고주 7량가 형식으로서, 평주와 고주 사이에 걸쳐진 퇴량은 이익공 상부에 얹혀 주심도리를 받치고 있다. 고주 사이에는 대량(大樑)을 얹혔는데 전체적으로 둥글게 치목하였는데, 단부의 보아지와 접하는 부분에 바데떼기 수법[98]을 사용하여 밀착하였다. 보머리 형태도 특이하다. 조선 후기의 일반적인 보머리는 직절하거나 둥근 모양으로 내밀어 초새김하는 경우가 많은데 계성사의 대량과 종보의 보머리는 화반 하부의 초새김과 유사하게 만들어 내밀었다. 이와 같은 보머리 형태는 우리나라에서 찾아보기 힘든 형태이다. 게다가 화반과 제공첨차의 형태가 거의 유사하게 조각되었다. 대량 위에 동자주를 세우고 종보를 놓았다. 이 종보의 단면 또한 대량과 유사하게 치목하였으며, 보머리도 대량과 유사한 형태로 만들었다. 또 종보 위에 파련대공(波蓮臺工)을 세워 종도리를 받치고 있다.

　　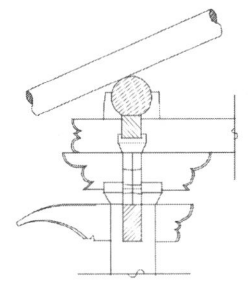

〈그림 43〉 계성사 파련대공　　〈그림 44〉 계성사 공포 상세도

계성사의 공포양식은 출목이 없는 이익공 양식을 사용하고 있다. 하지만 익공양식이 볼수록 특이하고 흥미로움을 자극한다. 우리나라의 많은 문화재들을 답사해 온 필자로서는 제주향교의 공포양식만큼 호기심

---

98 보의 밑바닥을 평평하게 깎아 내는 기법.

을 자극한 공포를 본 일이 없다. 살미(山彌)⁹⁹ 양식은 시대를 흘러오면서 현저한 변화를 보이게 되는데, 제주향교 대성전과 계성사의 공포양식은 상당히 오래된 고(古)시대 양식과 후대의 양식을 절충하여 적용한 것으로 추정된다.

조선 중기로 넘어오면서 살미가 일체화되기 시작하고 앙서의 형태가 직선화되는 형태를 보이는 데 반해, 계성사의 초익공은 이익공과 주두를 사이에 두고 떨어져 있을 뿐만 아니라 보아지 형식과 유사한 형태를 보이고 있다.

〈그림 45〉 계성사 살미

이익공 역시 살미(山彌)라기보다는 제공첨차에 가까운 형태로서 기존 가구법들과는 다른 양식을 추구하려는 시도로 보인다. 더 눈에 띄는 점은 주심첨차의 초각 형태이다. 계성사의 주심첨차는 화반과 동일한 형태로 초각하여 구성하고 있다는 점인데, 일반적으로는 기둥머리 바깥으

---

99 기둥에 짜여진 보 방향 부재로서, 첨차와 직교하여 공포를 구성한다.

로 길게 내밀어 쌍S자나 교두형, 혹은 연화두(蓮花頭)형으로 초새김하는 경우가 많기 때문이다. 뿐만 아니라 창방 위에는 삼소로화반(三小櫨花盤)¹⁰⁰을 사용하였는데 대성전에도 똑같이 쓰였다. 조선시대 전각 중 삼소로화반이 사용된 곳은 많지 않다. 그중 서울 종묘(宗廟) 정전(正殿)이 대표적이라고 할 수 있는데 지방 향교에 사용된 사례는 매우 드문 경우이다.

충량(衝樑)은 특이한 형태로 4본이 짜여 있다. 일부러 굴곡진 가구재가 사용된 것으로 보이며, 외진 평주에서 고주로 낮게 내려오는 형태로 구성되었다. 보통 내진 고주(高柱) 측으로는 높게 결구되는데 정반대로 구성된 것이다. 처마는 겹처마 형식으로 꾸몄는데 막새를 사용하지 않고 아구토(牙口土)¹⁰¹로 마감하여 소박한 외관을 구성하였다. 서까래와 부연으로 이중 구성된 처마를 '겹처마'라고 하고 서까래로만 구성된 처마를 '홑처마'라고 한다. 통상 겹처마는 홑처마보다 격을 높이는 전각에 주로 사용되는 형식이다. 그런 이유로 제주향교의 주전각인 계성사와 대성전에는 이 겹처마형식을 사용하고 있다. 한편 계성사에는 두 개의 편액(扁額)이 걸려 있는데 외부와 퇴칸에 각각 한 개씩 걸려 있다. 외부에 걸린 편액은 정헌(靜軒) 김용징(金龍徵, 1809~1890)¹⁰²의 글씨로 흑색 바탕에 흰색으로 글씨를 새겼으며, 퇴칸 내부벽에 걸린 편액은 석농(石農) 이종우(李鍾愚, 1801~?)¹⁰³의 글씨로서 흰색 바탕에 검은색으로 글씨를 새겼다.

---

100 화반 위에 세 개의 소로를 얹힌 방식.

101 와구토(瓦口土)라고도 하며, 강회죽과 찰흙, 모래를 섞어 반죽한 것이다.

102 애월읍 납읍리(納邑里) 출신의 조선 후기 문신이자 교육가이며, 제주지역 3개 향교의 교수직을 역임하였다.

103 이조판서를 지낸 조선 후기 문신이며 서화가이다. 그는 석농체(石農體)라는 독특한 필체로 유명하다.

〈그림 46〉 계성사 외부 편액   〈그림 47〉 계성사 내부 편액

　단청(丹靑)은 외기에 면하는 목재 표면에 칠하여 목재의 풍화와 부후를 방지하는 역할을 할 뿐만 아니라 각 건물의 성격과 상징성 그리고 위계 등을 표현하기도 한다. 또 단청의 문양을 통하여 잡귀를 막는 벽사(壁邪)의 의미도 담고 있다. 우리나라에서 사용되는 단청은 크게 4가지로 분류되는데, 단일색으로 단순하게 채색하는 가칠단청, 가칠단청 위에 먹긋기 등으로 선을 그린 긋기단청, 보머리에만 머리초 문양으로 장식하고 중간부분은 긋기로 마감한 모로단청, 화려한 문양과 별화 등으로 부재 전체를 채워 넣는 금단청으로 구분한다. 향교에서 사용되는 단청은 비교적 검소하고 검양한 양식을 주로 사용하는데, 대체적으로는 긋기단청을 기본으로 하고 모로단청을 첨가하는 형식이다. 또 군자를 상징하는 연화문과 만사형통을 상징하는 여의두 문양을 사용하기도 한다.
　계성사의 단청은 초창 당시 원형인지 여부는 확실하지 않으나, 상록하단(上綠下丹)의 기본 원리에 입각한 모로단청으로 배색되었다. 기둥에는 먹띠와 6매화점을 시문하였고, 주두 아래까지 석간주색으로 가칠단청하였다.

〈그림 48〉 계성사 단청

2. 대성전(大成殿)

1827년(순조 27) 초창된 대성전은 정문인 대성문을 들어서면 바로 정면에 보이는 전각인데, 2016년 국가지정문화재 보물 제1902호로 지정되었다. 현재 제주향교 대성전에는 공자를 정위(正位)로 하여 4성(四聖)의 위패를 비롯한 공문 십철(孔門十哲)과 송조 육현(宋朝六賢), 그리고 우리나라의 18현(十八賢)의 위패를 포함하여 총 39위의 위패가 봉안되어 있다.

〈그림 49〉 제주향교 대성전

〈그림 50〉 대성전 봉안위

대성전 정면으로는 내삼문이 자리 잡고 있는데 제주중학교 운동장 담장과 맞닿아 있다. 현 배치상으로만 보면 이 내삼문이 외삼문으로 혼동될 수 있으나, 본래 대성전 전면, 즉 현 제주중학교 운동장은 동무와 서무가 갖춰진 제향영역이었고, 그 앞에 명륜당 등의 강학영역이 배치되었던 것으로 밝혀지고 있다. 따라서 이건 당시 제주향교의 배치 형식은 전학후묘의 배치를 따르고 있었을 것으로 추정되기 때문에 이 삼문은 내삼문으로 보아야 하는 것이다. 이 내삼문은 전면 3칸, 측면 1칸의 솟을삼문 형식으로 구성되었고 3량가(三樑架)의 맞배지붕이다. 보와 도리로만 구성된 민도리 양식의 내삼문은 초벌대 기단 위에 정평초석을 놓아 기둥을 세웠다. 가운데 정칸은 신(神)이 출입하는 문이기 때문에 관람객은 출입할 수 없으며, 석전제 등 행사 시에는 제관들이 양쪽 협칸문을 이용하여 출입한다. 일반적으로 삼문 형식에서는 가운데 정칸의 폭이 협칸보다 조금 넓게 구성된다. 이는 유교의 상하개념의 예를 적용한 것으로서, 신이 출입하는 정칸은 넓고 높게 구성하고 양쪽 협칸은 낮고 좁게 만들어 그 위계성을 달리 표현하고자 한 것이다.

〈그림 51〉 내삼문

〈그림 52〉 내부에서 본 내삼문

관람객의 입장에서 대성전을 찾을 때는 옷매무새를 단정히 하고 참배예절을 제대로 지켜서 참배해 보는 것도 좋은 경험일 것이다. 이 참배법을 간략히 소개하면, 대성전 우측 계단을 통해 기단 위로 올라가야 하는데, 이때 오른발을 먼저 딛고 왼발을 붙이는 방법으로 계단을 올라간다. 대성전 중앙의 정칸으로 이동하여 제단에 놓인 향에 불을 붙여 제향한 다음, 왼손을 위로 오게 포갠 후 머리를 숙여 절을 한 후 잠시 묵상을 하여 참배를 마친다. 이 때 주의할 점은 남자의 경우는 왼손을 위로 오게 하여 절하지만, 여자는 오른손을 위로 오게 포개어 절해야 한다. 참배를 마치면 대성전 좌측 계단을 이용하여 내려오게 되는데 올라갈 때와는 반대로 왼발을 먼저 딛고 오른발을 붙이면서 내려오면 된다.

내삼문을 들어서면 제향공간 일곽으로 진입하게 되는데 중앙에는 신도(神道)가 대성전 기단까지 뻗어 있고, 양쪽으로는 협문이 자리 잡고 있다. 동향으로 좌향한 대성전은 정면 5칸, 측면 4칸 규모로 조영되었으며, 팔작지붕의 일출목 이익공양식을 사용한 전각이다. 현무암 초벌대 기단을 두었고, 전퇴까지 이어진 바닥은 방형의 현무암 박석을 깔았다. 그 위에 현무암 정평초석을 사용하여 배흘림이 있는 원주(圓柱)를 세웠다. 특이한 것은 우주(隅柱) 외곽으로 4개의 첨주(添柱)를 두었는데 우리나라에서 찾아보기 힘든 사례다. 활주라고 하여 추녀 밑에 보조기둥을 설치하는 예는 많으나, 이와 같이 출목도리와 첨차를 받치는 형태의 공포양식은 매우 특이한 형태라 할 수 있다. 이와 유사한 형태로는 전라북도에 있는 전주향교 대성전을 들 수 있는데, 고려 말 공민왕대에 초창된 것으로 추정되는 이 대성전은 맞배지붕의 도리 외곽에 활주를 사용하고 있다. 형태가 유사해 보이기는 하나 활주는 가구와 맞춤 없이 지붕재를 받치는 형식이기 때문에 제주향교 대성전의 첨주와는 구조적으로 완전히 다르다.

〈그림 53〉 제주향교 대성전 첨주   〈그림 54〉 전주향교 대성전 활주

한편, 제주향교 대성전 첨주(添柱)에는 전부 장주형 초석을 사용하여 평주 초석보다 높게 구성하였는데, 이는 어떤 의도로든 사전에 계획되었을 가능성이 크다고 본다. 전면과 측면에는 우주 외곽에만 첨주를 설치하였고, 후면에는 평주 외곽 전체에 설치하였다. 또 후면 평주 외곽의

첨주 초석은 계성사 삼문과 같이 이중 초석 형식으로 구성되었는데 이 역시 계성사 삼문과 동일한 이유로 이 같은 드잡이 기법이 구사되었을 것으로 생각된다.

〈그림 55〉 제주향교 대성전 후면 초석

후면 정칸 첨주의 이중 초석 중 상부 초석에는 인방재가 끼워졌던 것으로 보이는 크기의 구멍이 나 있는데, 현재 구멍의 위치는 인방재를 끼울 만한 위치가 아니므로 아마 다른 곳에서 사용되었던 초석이 이곳으로 옮겨졌을 것으로 추측된다. 특히 주목되는 점은 각 첨주 상부에 세모 모양으로 직교시킨 기하문(幾何文)을 초새김하였는데, 이 모양 역시 우리나라에서는 찾아보기 힘든 독특한 문양으로 간혹 아프리카나 남방 문화권에서 보이는 문양과도 유사하다. 또 문양 하부 네 방향으로는 교두형 첨차와 유사한 부재를 돌출시켜 짧게 내밀었는데, 이 부재의 시원(始原)과 의미도 아직까지 밝혀지지 않고 있다. 이 돌출된 부재가 의장적 요소일 것으로 추정은 되지만 우리나라 전통건축물에서는 찾아볼 수 없는 매우 특이한 문양과 기법이다. 그렇기 때문에 이런 다양한 문양들은 도대체 어디서 유래된 것인지 사뭇 궁금해질 수밖에 없다. 문양은 그 시대의 신앙을 표현하기도 하고, 지방의 습속(習俗)이나 사상 또는 사회

환경 등을 나타내기도 한다. 중국에는 산둥성(山東省)을 중심으로 한 대문구문화(大汶口文化)[104]가 한때 번성하였다. 중국 베이징 국가박물관에 보관되어 있는 대문구문화의 토기에는 대성전 첨주의 세모 문양과 유사한 돌림 문양이 사용되었다.

사실 이 문양이 남방계라는 주장도 있으나, 유교건축물에 남방의 영향을 받은 문양이 넣어졌을 가능성은 별로 없다. 나아가 향교의 중심전각인 대성전에 남방계의 독특한 문양을 새겨 넣는 상황은 지금의 관점에서나 추정이 가능하리라 본다. 그런 점에서 대성전에 새겨진 독특한 문양의 기원을 밝혀내기 위한 지속적인 논의가 이루어져야 할 것으로 보인다.

〈그림 56〉 대성전 첨주 문양

〈그림 57〉 대문구문화 토기 문양

양쪽 측면과 후면에는 현무암을 사고석담 형식으로 쌓아 화방벽을 구성하였는데, 그 현무암 틈을 강회다짐의 줄눈으로 막았다. 줄눈 모양은 계성사 화방벽과는 다르게 매우 근엄하고 경직된 형태로 꾸몄다. 다만 이 형태 자체도 일률적인 형태가 아니라 돌의 크기에 따라 크고 작음이 공존하는데 서로 수평과 수직을 유지하려고 노력한 흔적들이 엿보인다.

---

104 중국 산둥성 중심의 신석기 문화(BC.4300~BC.2600).

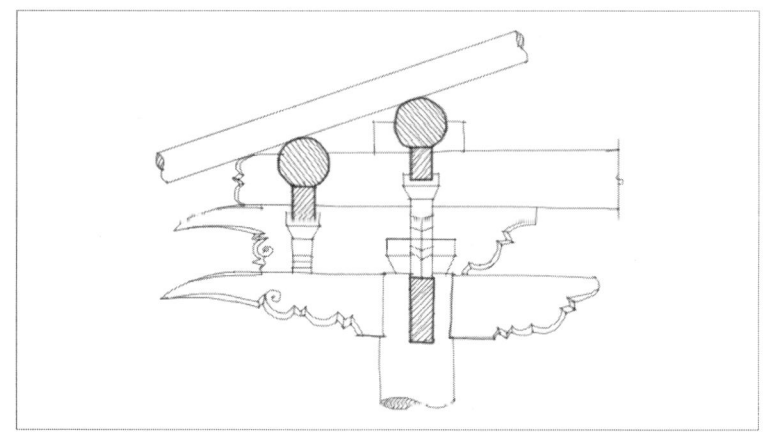

〈그림 58〉 제주향교 대성전 공포 상세도

공포는 일출목 이익공양식을 취하고 있는데 초각 수법과 구조 양식 등이 매우 진기하다. 몇 가지 재미있는 것들을 살펴보면, 우선 우주에는 귀한대[105]를 두지 않았다. 현존하는 우리나라 일출목 이익공 건축물 중 맞배지붕을 제외하고 팔작지붕에 귀한대를 두지 않은 사례는 많지 않은데 조선 후기에 재건된 전북 남원의 광한루(廣寒樓)가 대표적이라 할 수 있다.

〈그림 59〉 제주향교 대성전 귀포

---

105 우주에 45°로 내민 살미.

〈그림 60〉 전북 남원의 광한루 귀포

 또한 첨주 위에 주두를 놓고 귀공포를 짜서 출목도리를 받치고 있다. 이처럼 대성전에는 타 지역에서 찾아볼 수 없는 진귀한 양식들이 많은데, 그중에서도 이 첨주를 사용한 기법은 최고의 백미라고 생각된다. 또 쇠서의 형태도 매우 흥미로운데 길게 내민 형태가 려말선초(麗末鮮初)의 주심포 양식과 매우 흡사하다. 단정할 수는 없지만, 500년이나 앞선 시대의 조영양식을 차용하고 있는 것이다. 이는 우주 외곽으로 첨주를 두어 사래를 받치는 구조를 형성하다 보니 자연스럽게 출목도리도 많이 뺐을 것으로 추정된다. 더불어 출목 간 거리가 넓어지다 보니 초익공 쇠서의 형태도 당연히 길게 형성되었다. 매우 독창적이고 과감한 방식이 아닐 수 없다. 전체적인 공포 부재들은 목재의 낭비를 최소화하기 위한 형태로 치목하면서도 미적인 요소들은 적극적으로 반영하였다.
 출목첨차와 초익공이 맞닿는 부분에는 일반적으로 소로를 넣는데 대성전에는 넣지 않았다. 이런 세부수법들은 우리나라 다른 지방의 양식과는 상당 부분 다른 특성을 보이고 있는데, 이는 양질의 재목을 구하기 어려운 섬 지역 특성이 반영되었을 것으로 본다. 주심첨차는 계성사와 달리 수서형 살미로 구성하였다. 가구는 계성사와 마찬가지로 2고주

7량으로서 고주와 평주 사이에는 툇보를 걸었다. 대량 위에는 동자주를 얹어 종보를 걸고, 그 위에 파련대공을 세웠는데 이 양식도 계성사와 매우 비슷하다. 2고주 7량으로 구성되는 이 가구수법은 우리나라에서는 상당히 많이 사용되어진 양식이다.

특히 7량집 구조는 대부분 2고주 형식을 취하고 있으며, 그 다음으로는 1고주 형식이 많다. 제주의 대표적 문화재이면서 보물 제322호로 지정된 관덕정(觀德亭)도 2고주 형식을 취하고 있고, 대정향교 대성전과 정의향교 대성전 또한 2고주 7량 형식이다. 뿐만 아니라 제주도의 초가집 대부분도 이 형식을 차용하고 있다. 이처럼 2고주 7량 수법이 사용된 예가 많은 것은 도리의 위치와 연관이 깊다.

우리나라 전통 건축물 중에는 사분변작(四分變作)하여 전후에 퇴칸을 두는 2고주 7량 형식이 대다수다. 이 형식은 퇴칸에 고주를 세우고 그 위에 도리를 놓은 것이 일반적인데, 특히 긴 재목을 얻기 어려웠던 제주에서는 2고주 7량 형식이 더욱 선호될 수밖에 없었다. 그런데 특이하게도 제주향교 대성전에는 계성사와 동일하게 삼소로화반(三小櫨花盤)이 사용되었다.

〈그림 61〉 제주향교 대성전 내부

〈그림 62〉 대정향교 대성전 내부

　제주지역의 향교 중 제주향교 대성전의 단청(丹靑)은 다소 화려한 형식을 가진 모로단청으로 시채되었다. 하지만 당초에는 이런 화려한 형식이 아니었을 것으로 추정된다. 1973년 제주도 기록[106]에 의하면 당시 대성전의 단청은 단일 색으로 가칠단청되었다고 기록되어 있는데, 지금의 정의향교와 유사한 형식이다. 다만 정의향교와는 다르게 서까래 마구리에는 연화문이 시문되었던 것으로 기록되어 있다. 물론 이 기록이 초창 당시 양식임을 단정 지을 만한 사료는 아니다. 하지만 『조선왕조실록(朝鮮王朝實錄)』과 『경국대전(經國大典)』의 기록에 따르면, 세종 대까지는 관청과 사찰, 민간에 이르기까지 주칠(朱漆)의 사용을 금하였고, 이후에도 이 규제가 조선왕조 말까지 지속되었다. 더구나 조선 중기에는 사림을 중심으로 한 세력들을 주축으로 궁궐의 진채(眞彩)를 금지하는 상소들이 끊이지 않았다. 뿐만 아니라 우리나라의 유교건축은 서울문묘를 비롯하여 비교적 검소하고 절제된 양식을 강조하여 시문되어 왔기 때문에 제주향교 역시 이런 흐름에서 크게 벗어나지 않았을 것으

106　濟州道, 『濟州道文化財 및 遺跡 綜合調査報告書』, 1973. P.315.

로 보는 것이 타당하다.

  그런 점에서 90년대 초까지의 기록들을 살펴보면 제주지역 3개 향교의 대성전은 소박한 가칠단청 형식을 띠고 있었는데, 현재는 정의향교 대성전만이 그 원형을 유지하고 있다고 보여진다. 앞으로 면밀한 연구와 고증을 통해 제주지역의 원형에 맞는 소박한 난청양식으로 복원되었으면 하는 기대를 가져 본다.

〈그림 63〉 정의향교 대성전 내부

〈그림 64〉 서울문묘 대성전

3. 명륜당(明倫堂)

　인간사회의 윤리(倫理)를 밝힌다는 뜻의 명륜당은 유생들에게 유교경전을 교육하는 강당으로서, 과거시험을 보는 장소로도 활용되었다. 제주향교가 향교전에 초창될 당시 명륜당은 서울문묘(성균관)와 유사하게 큰 규모로 지어진 것으로 추측되는 전각이다. 현재 제주향교의 대성문을 들어서면 바로 좌측에 자리 잡고 있는 이 명륜당은 2002년에 중창된 것이다. 1827년 이곳 용담동으로 이건되었을 당시 명륜당 위치는 현 대성전 동북쪽 제주중학교 교사동 부근으로 추정되고 있다. 하지만 1957년 제주중학교가 확장되면서 대성전 앞의 동무(東廡), 서무(西廡)와 함께 철거되었다. 또 명륜당 앞에는 '경의(敬義)'라고 하는 동재와 '성명(誠明)'이라고 하는 서재가 함께 있었다. 이후 명륜당은 현 위치에 전면 9칸 규모로 다시 지어졌는데, 중앙의 본당은 솟을지붕 형태이며, 양쪽 익사(翼舍)는 각각 3칸 규모로 조성되었다. 불행히도 이 명륜당 역시 1965년 누전에 인한 발화로 소실되기에 이른다.

　이후 제주도 향교재단에서 부지 일부를 매각하여 명륜당 건립을 위한 자금을 마련하였고, 1970년에 전면 6칸, 솟을지붕 형식의 철근콘크리트 구조로 재건하게 되었다. 하지만 콘크리트로 재건된 명륜당이 소실 이전 모습과 다르다는 의견들이 이어지면서 결국 2001년 철거되어 이듬해에 현재 모습으로 재복원되었다. 한편 이 명륜당 내에는 제주지역의 문과 급제자 명단인 용방록(龍枋錄)[107]이 보관되어 있다.

107　조선시대 제주지역 문과 급제자의 명단을 기록한 명부로서 1892년(고종 29) 작성되었다. 현재 제주향교 명륜당에 보관되어 있는 이 책은 제주특별자치도 유형문화재 제10호로 지정되어 있다.

현재 명륜당 정칸(正間)에 게시된 편액은 1778년(정조 2) 제주향교가 현 삼성초등학교 자리에 있을 무렵 목사(牧使) 황최언(黃最彦)[108]이 서울문묘의 편액을 번각(飜刻)하여 쓴 글씨이다. 편액 좌측의 '신안주희서(新安朱熹書)'라는 낙관까지 똑같이 모사하여 쓴 글씨가 매우 흥미롭다. 이와 유사한 형식의 편액은 강릉향교(江陵鄕校)나 울산향교(蔚山鄕敎)의 명륜당에서도 볼 수 있다. 한편 우측 익사(翼舍) 정면에는 '수선당(首善堂)'이라는 편액이 걸려있다. 당초 이 편액은 지금의 제주중학교 자리에 수선당이 위치하고 있을 때인 헌종 11년(1845)에 목사 권직(權溭)이 써서 게시한 것이다. 하지만 1950년대 수선당이 철거되었고 이후 편액이 게시되지 않다가 지금의 명륜당이 복원된 이후 우측 익사 정면에 게시되었다. 그런데 이 수선당이라는 편액은 원본이 아닐 것으로 추정된다.

〈그림 65〉 1950년대 제주향교 명륜당

---

108 강원도 철원에서 출생한 조선중기의 문신으로서 1777년 3월부터 1778년 12월까지 제주목사를 지냈다.

〈그림 66〉 현재 제주향교 명륜당

〈그림 67〉 제주향교 명륜당 편액   〈그림 68〉 수선당 편액

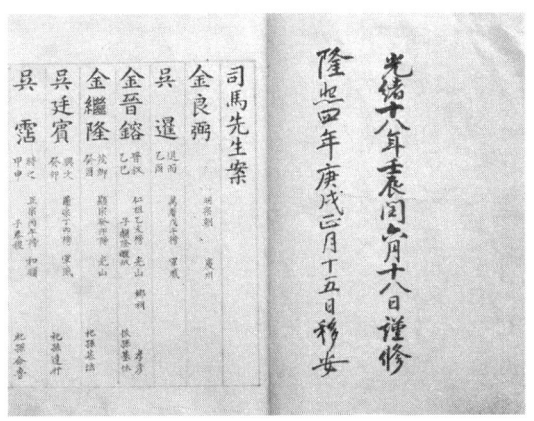

〈그림 69〉 용방록

솟을지붕 형태로 조영된 명륜당은 중앙의 본당과 양쪽에 익사(翼舍)를 두었는데 각각 정면 3칸으로 구성되어 전체 9칸 규모이다. 양익사 측면은 2칸으로 구성되었다. 본당은 맞배지붕으로 된 겹처마 형식이며, 좌우 익사는 팔작지붕으로 구성한 겹처마 양식이다. 1970년 이전의 명륜당은 중앙의 본당과 양익사의 지붕을 다르게 구성하였는데, 본당은 내림새와 막새를 사용하여 지붕을 구성하였고, 양쪽 익사는 내림새와 막새를 사용하지 않고 '아구토'로만 마감하였다. 이런 형식은 아마도 기와가 귀했던 당시 사정이 반영되었던 듯하다.

본당은 이익공, 양익사는 민도리 양식으로 공포를 구성하였다. 가구는 1고주 5량으로서 전면 칸에 고주를 세우고 툇보를 걸었으며, 중앙 칸에는 대량을 걸고 그 위에 동자주를 세워 종보를 걸었다. 종보 위에는 파련대공을 세워 종도리를 받치고 있는데, 양익사에는 파련대공 대신 판대공을 사용하였다. 주변으로는 두벌대 기단을 놓아 방형의 박석을 깔았고, 그 위에 현무암 정평초석을 놓고 원주를 세워 석간주색으로 가칠했다. 기둥 상부에는 주두를 두어 이익공과 행공첨차를 교차시켜 맞추었다.

이익공 양식에서 일반적으로 사용되는 재주두는 두지 않았다. 그 이유는 알 수 없으나, 기본적으로 소박함을 강조하는 유교적 철학이 그 배경일 것으로 보인다. 전면을 제외한 양쪽 측면과 후면에는 사고석담 형식의 화방벽을 벽체 중간까지 쌓았으며, 그 상부는 심벽(心壁)으로 조성하였다. 화방벽은 강회다짐의 줄눈으로 막았는데 대성전의 강직한 줄눈 형태와 닮았다.

본당은 양쪽의 익사보다 조금 높게 조성한 솟을지붕 형태로 지어졌는데, 이는 서울문묘(성균관) 명륜당과 나주향교 명륜당의 지붕 형태와 유사하다. 또한 평면구성도 서로 유사한데 제주향교 명륜당은 양쪽 익사 내단에 통로를 두지 않았다는 점이 조금 다르다. 하지만 외부 마감에서는 서울문묘 명륜당과 나주향교 명륜당에는 화방벽 없이 회벽으로만 마감하였고, 제주향교 명륜당은 화방벽을 두었다.

〈그림 70〉 제주향교 명륜당 익사   〈그림 71〉 나주향교 명륜당

또 일반적인 객사(客舍) 평면구성과도 유사한데, 제주 성읍마을 객사의 경우에도 본당은 솟을지붕, 양쪽 익사는 팔작지붕으로 구성하고 있다. 정면 벽체에는 두 짝 세살청판문을 달아 뇌록색으로 칠했고, 측면과 후면에는 두 짝 세살창을 달아 정면과 같이 뇌록색으로 마감하였다. 후면에는 와편(瓦片)굴뚝 2기가 설치되어 있으나 아궁이 시설은 막아 놓았다. 현재 굴뚝시설은 사용되지 않는 것으로 보인다. 정면 출입문 앞에는 화강석 디딤돌을 놓아 출입 시 편의를 고려한 것으로 보인다. 단청은 긋기단청으로 소박하게 꾸몄는데, 기둥과 인방은 석간주색으로 가칠하였고, 보와 도리, 창호는 뇌록색으로 가칠하였다. 추녀곡을 자연스럽게 만들어 주는 갈모산방은 석간주색으로 도채하였다.

4. 전사청(典祀廳)

〈그림 72〉 제주향교 전사청

　명륜당 뒤쪽 높은 지형에 위치한 전사청은 제사음식을 준비하고 제수용품 등을 보관하는 곳으로 문묘향사 업무를 보조하는 전각이다. 전사청은 1827년(순조 27) 제주향교가 이곳으로 이건된 이후 오래지 않아 초창된 것으로 추정되는데, 초창된 이후 여러 차례 보수되었다. 정면 4칸, 측면 2칸 규모의 전사청은 민도리 양식의 맞배지붕이다. 홑처마로 구성된 처마는 내림새와 막새기와를 쓰지 않고 아구토(牙口土)로 마감하여 단아한 느낌을 주고 있다. 전면에는 툇마루를 두어 우물마루를 깔았으며 측면과 후면에는 현무암 화방벽을 도리 밑까지 쌓아 올렸다. 화방벽은 다른 전각과 달리 현무암 자연석을 이용하여 허튼층쌓기로 쌓았는데 제주지역의 민가와 유사한 방식이다.

주변으로는 초벌대 자연석 기단을 돌리고 현무암 박석으로 상면을 마감하였다. 덤벙초석을 사용하여 원주를 그 위에 올렸는데, 통상 부속 전각의 경우 방주가 사용되는 점을 고려하면 원주의 사용은 조금 의외라 할 수 있다. 전면에는 두 짝 판문을 달아 석간주색을 칠하였고 주변 벽면은 회사벽으로 마감하였다. 가구는 1고주 5량가로서 굴도리를 사용하였고, 삼분변작(三分變作)하여 중도리를 놓고 장연과 단연을 걸쳤다. 장방형 단면의 대들보를 평주와 고주에 걸어 고정하였고 그 위에 동자주를 세워 종보를 걸었다.

종보 위에는 키대공을 설치하여 종도리와 장여를 받치고 있다. 지붕은 맞배지붕의 홑처마로 막새기와를 사용하지 않고 아구토(牙口土)로 기와 끝을 마감하여 단출하고 소박한 양식을 구현하고 있다. 또 단청은 특별한 문양 없이 가구재와 창호를 포함하여 석간주색으로만 가칠하였는데, 하얀 회사벽과 어우러져 간결하고 경건한 향기가 짙게 풍긴다.

濟州

巴舊岳
禾北川
奉蓋岳
三姓穴
三昕
老衡村
漢拏山
穴峯
星坛
滲水洞
品昕
五昕
白鹿潭
巨應窟
凡昕
修行窟
高古山
並岳
六昕
七野
八昕
孤根山
紺山川
芳淵
蕪屯
加内川
塞達川
天池淵
金露浦
山房川
柿
廣蓬
屏風川
嚴todo浦
朝貢浦
水晶寺
圓岳道
伊存村
長坪
無愁川
有信村
鹭木岳
今勿德
靈泉

Ⅲ
추사(秋史)를 품은 대정향교

예로부터 대정현(大靜縣)의 지형은 풍수학적으로 옥녀탄금형(玉女彈琴形)이라 한다. 모슬봉(摹瑟峯)은 옥녀(玉女)의 형국이고 금산(琴山)[109]은 거문고의 형국이어서, 달빛 고요한 밤에 아름다운 여인이 송악산(松岳山)에 발을 뻗고 누워 금산의 거문고를 타는 모습이라는 것이다. 이 대정현 안에는 드렁물(드레물)[110]이라는 샘물이 있는데, 이 물을 옥녀의 하문(下門)이라 한다. 대정 고을의 현감이나 군수가 선정을 베풀면 이 물이 콸콸 솟아나고, 반대로 악정을 베풀면 그 물이 일시에 말라 버렸다고 한다.[111]

조선 태종 16년(1416) 동도(東道)와 서도(西道)를 폐지하고 대정현으로 개편한 이후, 1418년에 현감 유신(俞信)이 현성(縣城)을 축성하였다. 대정향교는 성 북측에 1420년(세종 2) 창건되었다고 하나, 그 규모나 정확한 위치는 알 수 없다. 다만 조선 중기에 쓰여진 『남사록(南槎錄)』에 의하면, 성안 북쪽 모퉁이에 있다고 기록하고 있어 조선 중기까지는 북쪽 모퉁이에 있었을 것으로 추정하고 있다.

---

109 단산 남쪽 아래로 맞물려 이어진 표고 63.5m의 낮은 오름.
110 서귀포시 대정읍 인성리 234번지 서쪽. 두레박으로 떠 올리는 물이라는 데서 유래되었는데, 한자로 표기하여 '거수정(擧水井)'이라고도 불린다.
111 玄容駿, 『濟州道 傳說』, 2016, P.235.

〈그림 73〉 1750년 초 제작된 해동지도의 대정현[112]

〈그림 74〉 대정향교 항공

한편 대정향교의 창건 연도에 관한 여러 가지 설이 있으나, 『조선왕조실록』 기록에 근거한 1420년(세종 2) 초창되었다는 설에 조금 더 설득력을 얻고 있다. 그러나 정의향교의 경우처럼 대정현으로 개편되기 이전에 묘학동궁 형식의 향교 형태가 존재하고 있었을 가능성은 배제할

---

112 규장각 한국학연구원(http://kyu.snu.ac.kr/)

수 없다. 이후 대정현성 동문(東門) 밖으로 이건하였다가 다시 서문(西門)으로 이건하였다. 이처럼 여러 차례 이건 과정을 겪은 대정향교는 1653년(효종 4) 단산(簞山, 바굼지오름)[113] 기슭, 현 위치에 자좌오향(子坐午向)하여 자리 잡았다.

당시 절제사(節制使) 이경억(李慶億)이 계청(啓請)하고 목사(牧使) 이원진(李元鎭)이 점지하였으며, 현감(縣監) 권극중(權克中)의 주관 하에 이건이 이루어졌다. 이때 자리 잡은 대정향교의 풍수지리적인 입지 또한 많은 주목을 받고 있다. 조선 중기 홍만선(洪萬選)이 쓴 생활서 『산림경제(山林經濟)』에는 "왼편에 물이 있는 것을 청룡(靑龍)이라 하고, 오른편에 긴 길이 있는 것을 백호(白虎)라 하며, 앞에 못이 있는 것을 주작(朱雀)이라 하고, 뒤에 언덕이 있는 것을 현무(玄武)라고 하는데, 이렇게 생긴 곳이 가장 좋은 터이다"[114]라고 정의하고 있다. 이 고서에 따르면 대정향교는 가장 길한 집터, 즉 '명당'에 자리 잡은 셈이라 할 수 있다.

한편 『태종실록(太宗實錄)』 권35, 태종 18년(1418년) 4월 18일 무술(戊戌) 내용에는 다음과 같이 대정향교가 언급되고 있다.

다시 제주(濟州)의 유학 교수관(儒學敎授官)을 임명하였다. 예조에서 제주 목관(濟州牧官)의 정문(呈文)에 의거하여 상언(上言)하기를, "주(州)와 임내(任內)의 유생(儒生)이 2백여 인인데, 사송(詞訟)과 잡무

---

113 서귀포시 안덕면 사계리에 위치하고 있으며, 응회구 퇴적층으로 이루어진 고도 158m의 바위산이다.

114 『山林經濟』 第1券 卜居 "左有流水,謂之靑龍,右有長途,謂之白虎,前有汙池,謂之朱雀,後有丘陵,謂之玄武,爲最貴之地."

(雜務)가 번극(煩劇)하여 비록 판관(判官)이 교수관(敎授官)을 겸임하였으나 실제로 가르치기가 어려우니, 청컨대, 전례(前例)에 의하여 따로 교수관(敎授官)을 임명하소서. 정의(旌義)·대정(大靜)의 학교도 아울러 고찰(考察)하도록 하여서 문풍(文風)을 떨치게 하소서" 하니, 그대로 따랐다.[115]

다음은 대정향교와 정의향교에 교수관 파견을 건의하고 있는 『세종실록(世宗實錄)』 세종 2년(1420) 11월 기묘(己卯) 내용이다.

제주(濟州) 경재소(京在所)에서 상언(上言)하기를, "대정(大靜)·정의(旌義) 두 고을에 비로소 향교(鄕校)를 두게 되어서, 두 고을 생도가 각각 50여 인이 되니, 청컨대, 그 고을 사람으로서 경서(經書)에도 밝고 조행(操行)을 잘 닦은 자를 뽑아서 교도(敎導)케 하여 주소서" 하였다.[116]

---

115 ○復差濟州儒學敎授官。禮曹據濟州牧官呈上言:"州及任內儒生二百餘人, 詞訟雜務煩劇, 雖以判官兼敎授官, 實難敎訓。請依前例, 別差敎授官, 旌義·大靜學校, 竝令考察, 以振文風。"從之。

116 ○濟州京在所上言:"大靜·旌義二縣, 始置鄕校, 兩縣生徒, 各五十餘人。請選州人經明行修者爲敎導。"。

〈그림 75〉 대정향교의 유림들(제주유맥육백년사)
우측으로 네 번째 분은 제7대 전교(典校)[117]이자 필자의 외조부님이시다.

---

117 대정향교 제7대(1963~1966) 전교(典校)이신 故양성필(梁聖弼) 님이다. 당시 전교는 유림들의 선거를 통해 선출되었는데, 전교의 사회적 지위와 맞물려 선거 열기가 상당했다고 한다. 훗날 필자의 외조모님께서 병아리 꿈을 꾸시고 당선되셨다고 회고하셨다.

단산 밑 구릉에 배산임수(背山臨水)한 대정향교는 대성전을 가장 높은 지형에 두고 내삼문을 설치하여 제향영역을 구성하였다. 이 제향영역 동측과 서측에는 전향문(傳香門)과 퇴출문(退出門)을 두었고, 내삼문과 대성전 사이에는 신도를 설치하였다. 그 앞으로 동재와 서재, 명륜당을 설치하여 강학공간을 형성하고 있다. 전형적인 전학후묘(前學後廟)식 배치이다. 명륜당을 중심으로 한 강학영역에는 대성전과 정면으로 마주보게 좌향하여 남쪽에는 명륜당, 그리고 대성전과 명륜당 축을 중심으로 우측에 동재, 좌측에는 서재를 배치하였다.

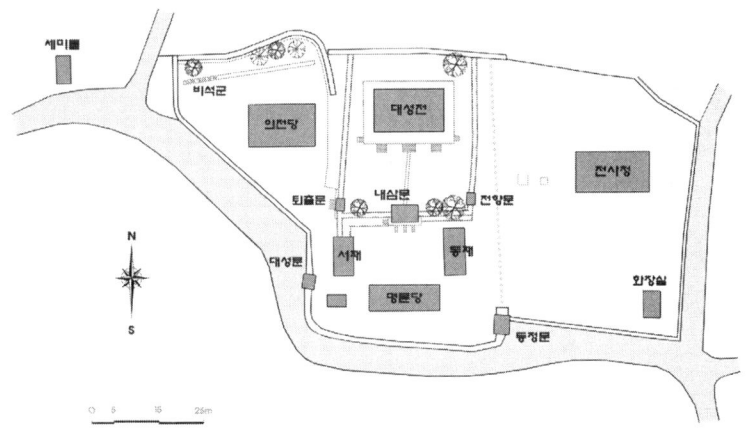

〈그림 76〉 대정향교 배치도

이 형식은 명륜당 후면에 동재와 서재를 배치한 전형적인 전당후재(前堂後齋) 형식이다. 전당후재 형식은 주로 전라도 지방의 향교에서 주류를 이루고 있는 배치 형식이기도 하다. 또 외삼문은 없고 동쪽과 서쪽에 사주문(四柱門) 형식의 협문을 두었는데, 이 중 서쪽 사주문을 대성문(大成門)이라 하여 대정향교의 정문으로 사용되고 있다. 한편 동쪽의 사주문을 동정문(東正門)이라 한다. 일반적으로 대성전과 명륜당을

축으로 하여 그 외곽에 정문인 외삼문이 세워지는데, 대정향교에는 현재 양 측면에만 사주문이 있고 정면에는 출입문이 없다.

일반적으로 향교의 가장 외곽에 설치되어 정문 역할을 했던 외삼문이 대정향교에도 존재했었는지에 대한 기록은 찾아볼 수 없으나, 일제강점기 시기 활동했던 일본의 고건축학자 후지시마 가이지로(藤島亥治郎)의 조사에 따르면 1925년까지도 외삼문은 존재하지 않았던 것으로 보인다.

2013년에는 대성전 동쪽 부지에 정면 5칸, 측면 4칸 규모의 전사청을 새로이 건립하였는데, 이전에 존재하였던 것을 고증 절차를 거쳐 복원한 것이다. 대성문 서쪽에는 1840년(헌종 6) 제주에 유배된 추사(秋史) 김정희(金正喜, 1786~1856)가 자주 사용했던 것으로 알려진 '돌세미(石泉)' 또는 '세미물'이라 불리는 샘물이 있다. 이 샘물은 북쪽에 있는 샘물을 웃세미, 도로 건너 쪽에 있는 샘물을 '알세미'라 하는데, 가뭄에는 웃세미 물이 말라 알세미 물을 사용하였다고 전한다. 또 단산 자락에서 솟아나는 이 세미물은 옛날부터 매우 맑고 신성했다고 전해지는데, 인근 마을 사람들이 제사를 지낼 때는 이 물을 떠다 제사를 지냈다고 한다. 그렇기 때문에 다도(茶道)를 즐겼던 추사가 찻물과 식수를 구하기 위해 이 샘물을 자주 찾았을 가능성은 매우 크다.

한편 1811년에는 훈장(訓長) 강사공(姜師孔)이 대성전 앞뜰에 소나무 두 그루, 명륜당 앞에 백일홍을 심었는데, 이분은 훗날 추사에게 동재의 편액을 청하여 '의문당(疑問堂)'이라는 친필을 받게 된다. 특히 이때 심었던 소나무가 최근 주목을 받고 있는데, 1844년(헌종 10) 그려진 「세한도(歲寒圖)」에는 후박하게 보이는 전각 한 동과 소나무 한 그루, 그리고 잣나무 세 그루가 초묵기법으로 황량하게 그려져 있다. 때문에 이 소나무가 「세한도(歲寒圖)」의 배경이 된 노송일 수 있다는 주장들이 여러 분야에서 제기되고 있는 것이다. 물론 이 주장의 논리적인 논거들은 다소 부족하다. 하지만 추사가 이곳을 찾으면서 심상에 익혔을 대성전 앞의 소나무 형상은 제주에서「세한도」를 그릴 때 그의 영감에 어느 정도 영향을 주었을 가능성은 충분하다고 본다. 뿐만 아니라 우리나라 향교 중 우진각지붕을 가진 명륜당은 대정향교가 유일하다.「세한도」의 건물형상 또한 맞배지붕과 우진각지붕의 중간 형태로도 볼 수 있는데, 대성문을 통해 들어서면서 보이는 우진각지붕의 명륜당과 그 좌측에 보이는 소나무가「세한도」의 장면을 연상케 함은 비단 필자의 생각만은 아닐 것이다. 한편 추사는 이 명륜당에서 지역 유생들과 자주 조우했을 것이다. 그는 헌종 14년(1848) 12월 방면되어 출륙할 때까지 이곳에서 많은 유생들을 훈학하였다고 전하기 때문이다. 특히 추사체(秋史體)는 제주에서 완성되었다고 전하는데, 그 서법을 익힌 제자로는 박계첨(朴癸瞻), 김구오(金九五), 강도혼(姜道渾) 등을 꼽는다.[118]

〈그림 77〉 대정향교 명륜당

---

118 濟州儒脈六百年史編纂委員會, 前揭書, 1997, P.412.

〈그림 78〉 세한도

청년시절 추사는 아버지를 따라 연행(燕行)을 자주 하였다고 한다. 순조 10년(1810) 그의 나이 24세 때 청(淸)나라 수도 연경(燕京, 현재 북경)에 있는 법원사(法源寺)[119]에서 청의 거유(巨儒) 완원(阮元), 조강(曹江), 이임송(李林松) 등과 송별연을 가졌는데, 추사와 금란지교를 맺은 것으로 알려진 청나라 화가 주학년(朱鶴年, 1760~1827)이 그린「추사전별도(秋史餞別圖)」가 남아 있다.

〈그림 79〉 추사전별도

---

119 645년 당(唐) 태종(太宗)이 고구려 정벌에 나섰다가 안시성전투에서 패배하여 전사한 수십만 명의 병사들을 위로하기 위해 건립한 사찰로 알려져 있다. 북경에서 가장 오래된 사찰로서 본래 이름은 민충사(憫忠寺)이다.

〈그림 80〉 중국 북경의 법원사

한편 조선조 500여 년간 제주도에는 추사 외에도 260여 명이 넘는 유배인들이 절도안치(絕島安置)[120]되었다. 그중 제주목과 대정현에는 각각 60여 명이 유배되었고, 정의현에는 약 40여 명이 유배되었다. 유배인을 '귀양다리'라고도 하였는데 귀양은 고려시대의 귀향형(歸鄉刑)에서 유래한 것으로서 조선 후기에 '귀양'이라는 순우리말로 바꾸어 사용되었다.

이들은 당대 권력자였을 뿐만 아니라 지식인으로서 제주지역의 토착문화와 융화되어 자신들의 철학과 사상적 깊이를 진작하였고, 이를 바탕으로 한 교학활동을 통하여 제주 사람들에게 학문과 지방문화 발전에 큰 토대를 마련하였다. 이런 점에서 이들의 수준 높은 유교적 소양은 향교 등의 교육기관을 통하여 지방 유학진흥의 촉매제 역할을 하였다고 볼 수 있다.

---

120 육지에서 멀리 떨어진 외딴섬에 격리시키는 형벌로서 위리안치와 더불어 가장 가혹하다. 제주도를 비롯한 흑산도, 금갑도, 신지도, 거제도 등 전라도와 경상도의 섬이 주요 유배지였다.

1. 대성전(大成殿)

　동쪽 대성문을 들어서면 우측으로 명륜당이 보이고, 좌측으로는 마치 병풍을 두른 듯 단산이 우뚝 솟아 있다. 내삼문 우측에는 소나무와 팽나무가 마치 수호신처럼 서 있다. 그 앞으로는 현무암을 가공한 계단을 놓았는데 신(神)이 출입하는 정칸과 일반인이 출입하는 양쪽 협칸에 각각 하나씩 놓았다. 내삼문은 정면 3칸, 측면 2칸 규모인데, 민도리 양식의 우진각지붕으로서 홑처마로 꾸며진 간소한 양식이다. 처마는 내림새와 막새를 쓰지 않고 아구토(牙口土)로 마감하였다. 현무암 정평초석 위에 원주를 세워 보와 창방을 받치고 있다. 정칸과 양 협칸의 출입구 높이는 같으나, 폭은 정칸이 훨씬 넓다. 내부는 서까래를 노출한 연등천정이며, 기둥과 보, 서까래 등에는 석간주색으로 가칠하였다.

〈그림 81〉 대정향교 내삼문

　현무암 계단을 올라 협칸문을 들어서면 500년의 역사를 고스란히 담은 대성전이 시야에 펼쳐진다. 대정향교에서 가장 높은 곳에 위치한 이 대성전은 내삼문 정칸과 신도(神道)로 연결되어 있는데 정면 5칸, 측면 3칸 규모의 팔작지붕 전각이다. 처마는 부연을 사용하여 겹처마로 구성하였으며, 내림새와 막새를 쓰고 있다. 대정향교가 1653년(효종 41) 현 위치에 이건될 당시 초창된 대성전은 아쉽게도 당시 세부 조영수법들이 많이 훼손되었다. 하지만 기본 가구 양식들은 지금까지 잘 유지되고 있어 역사적 사료로서의 가치가 매우 높다고 할 수 있다.

구릉 지형에 위치하였기 때문에 전면은 높은 기단을 형성하고 있고, 후면은 초벌대 기단의 낮은 형식을 형성하고 있다. 기단 상면은 부정형의 현무암과 사암 박석을 섞어 자연스럽게 깔아 놓았는데, 이 황금빛 사암은 용머리 주변을 비롯하여 대정과 사계 인근지역에서 많이 발견되는 암석류이다. 휘영청 밝은 달빛 아래서 대성전 황금빛 기단 위에 올라서면 명륜당 너머로 펼쳐지는 비경은 지역 유생들에게 많은 시상을 주었음직하다. 특히 제주지역에서 사암판석이 사용된 기단은 대정향교가 유일하다.

〈그림 82〉 대정향교 대성전

⟨그림 83⟩ 사암 판석

　대성전 전면 정칸과 협칸 앞에는 7단의 현무암 계단이 놓여져 있다. 가구 구조는 1고주 5량가의 구조를 취하고 있는데, 제주향교와 정의향교는 2고주 7량가이다. 공포는 일출목 이익공 양식을 사용하였고, 전면에는 퇴칸을 두어 바닥에 부정형의 현무암 박석을 깔았다. 기단 위에는 현무암 정평조석을 놓아 기둥을 세웠는데 흘림이 미세한 원주(圓柱)를 사용한 것으로 보인다. 기둥은 석간주색으로 가칠하였다. 고주와 평주 사이에 대들보를 걸었으며, 그 위에 동자주를 세워 종보를 걸었다. 또 종보 위에는 파련대공을 세우고 종도리를 받치고 있다. 독특한 것은 제주향교 대성전과 마찬가지로 우주(隅柱)외곽에 첨주(添柱)를 사용하였다는 것이다.

　제주향교 대성전의 측면에는 첨주가 없고 우주외곽과 후면에만 있는데, 대정향교에는 양 측면과 우주 외곽으로만 설치되었고 후면에는 없다는 것이 서로 다른 점이다. 대정향교 대성전에 이 첨주 양식이 사용된 데에는 아마도 제주향교와 서로 연관되었을 가능성이 매우 크다. 그런데 대정향교가 단산 앞에 이건된 이후 약 200여 년 가까이 지난 후에야 제주향교는 지금의 용담동으로 이건되었다. 동일한 양식이 그대로 이전되지 않았다고 가정한다면 대정향교가 먼저 이 첨주 양식을 적용하고 있었다는 결론에 도달한다.

한편 용담동(龍潭洞)으로 이건된 제주향교도 초창 양식을 상당부분 간직하고 있을 것으로 보이는데, 재목의 수급이 원활치 않았던 당시에는 이건이 이루어질 때 기둥이나 보, 공포재 등 주요 가구재들을 그대로 재사용하는 경우가 많았다. 특히 제주지역에서는 양질의 곧은 재목을 구하기가 어려웠기 때문에 가구재의 재사용은 어쩌면 필연이었을지도 모른다. 게다가 제주지역 민가를 조영할 때 사용되는 대들보나 충량재 등의 재목은 자연스럽게 굽은 원목을 껍질만 벗겨내어 사용하였다. 민가에서는 주로 가시나무와 졸참나무 등을 건축재로 많이 사용했는데, 소나무에 비해 내구성이 강할 뿐만 아니라 주변에서 쉽게 구할 수 있었기 때문이다. 주로 산간지역에 서식하였던 가시나무나 졸참나무는 강도가 세서 그만큼 가공이 어려웠다. 한편 조선 후기에 많이 사용된 도랑주는 도교(道敎)의 무위자연주의(無爲自然主義)를 반영하였다고도 한다. 이 도랑주는 경기도 안성의 청룡사(靑龍寺) 대웅전 기둥과 구례 화엄사(華嚴寺) 구층암(九層庵) 등에서 찾아볼 수 있다.

다시 말해서 17세기 중엽에 이건된 대정향교와 제주향교는 서로 비슷한 양식상 특징을 보이면서도 세부적으로는 조금씩 다른 양상을 보이고는 있지만 상당 부분 제주향교의 양식을 차용한 흔적들이 많이 보인다. 하지만 대정향교 대성전은 1993년에 대규모 중건이 이루어지는데, 조사 자료들과 비교하면 이때 세부 양식에 상당한 변화가 있었던 것으로 짐작된다. 특히 공포와 단청의 양식이 일부 바뀌었고 명문와가 교체되는 등 여러 부분에서 변화가 생기게 되었다. 이에 대한 세밀한 조사가 좀 더 필요해 보이나, 당초의 대성전은 우주의 초각수법과 결구법 그리고 전면 평주 외곽에 사용된 첨주 등을 보면 지금과는 다른 양식기법들이 사용되었을 것으로 추정된다. 특히 중수 이전 전면 평주와 우주 외측에 세워진 방주(方柱)가 초익공 하단까지 이어져 있었는데, 이 때문에 전면은 초익공 양식으로 구성되었으며, 후면은 이익공 양식으로 구성되었다. 90년대 초까지 유지되었던 이 양식은 방주를 세우기 위해 초익공을 떼어 내어 변형시켰던 것으로 추정된다. 아쉬운 점은 1993년 중건 시 네 면의 공포 양식을 이익공으로 보수해 놓았지만, 보수된 세부 양식은 기존의 독특한 양식들을 많이 잃어 버렸다는 점이다. 필자는 본래 이익공 부재 형태가 제주향교의 살미, 첨차 형태와 매우 유사했을 것으로 추정한다.

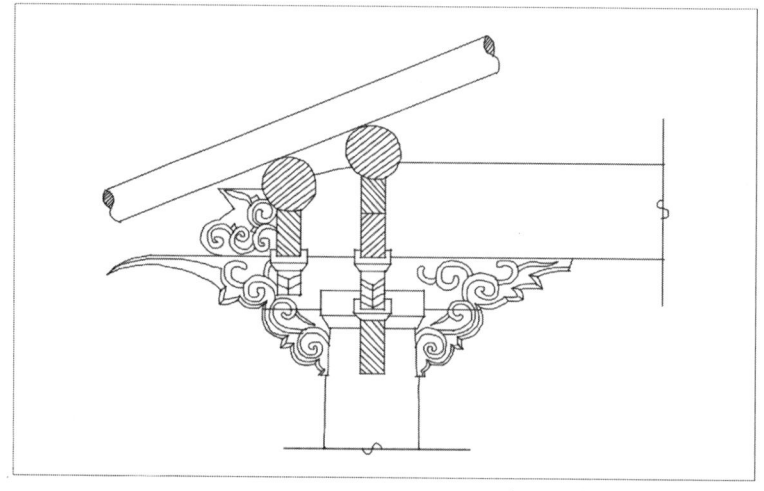

〈그림 84〉 대성전 공포 상세도

주지하다시피 이건 시기와 세부 양식들만을 비교하여 단정 지을 수는 없다. 하지만 대정향교 대성전의 살미와 첨차 등 세부 조영수법으로 미루어 볼 때 초창될 당시 구현된 양식이 그대로 전승되었을 가능성은 충분하다고 본다. 그렇지만 공포는 제주향교 대성전과 같은 양식을 취하고 있지만 살미 형상에서 제주향교 대성전 보다는 후대의 양식상 특징들을 보이고 있다. 이 살미 양식은 조선시대에 사용된 일반적인 이익공 양식의 형상이다.

대성전 단청 역시 당초에는 제주향교 대성전과 마찬가지로 석간주색으로 가칠단청 되었던 것으로 보이는데, 1993년 중수 시 지금의 모로단청으로 바뀌었다. 중수 이전에는 명륜당과 동·서재의 단청과 유사하다고 할 수 있다. 양 측면과 후면에 설치된 화방벽은 줄눈을 넣지 않고 현무암만으로 바른층쌓기를 하였다. 90년대 초 자료에는 제주향교와 같이 강회줄눈을 사용하고 있었던 것으로 보이지만, 본래는 거친 형태의 현무암을 허튼층쌓기하여 흙질하였을 것으로 추정된다. 또 현재 화방벽의 높이는 허리춤 정도로 낮게 조영되었지만, 1990년대경에는 이보다 높게 창방 밑까지 쌓았었으며, 일제강점기에는 처마 하단까지 쌓아 올렸던 것으로 추정되고 있다.

재미있는 점은 전면 퇴칸에 사용된 툇보의 형상이다. 외단 측으로는 보의 춤을 크게 만들었고 고주 측으로는 좁게 만들어 고주와 결구되었다. 통상 내단의 폭이 크거나 같은 점을 고려하면 그 반대의 형상으로서 특이한 기법이라 할 수 있다. 보통 보의 단면을 변화시키는 기법은 충량에서 나타나는 기법인데 툇보에 사용된 것이다. 이 기법은 조선 초기에 초창된 제주 관덕정(觀德亭) 정칸 충량에도 동일하게 적용되었다.

측면 기둥에는 이전에 드잡이 보수하였던 흔적들이 남아 있는데, 부후된 기둥 하단을 절단하고 새로운 부재를 끼운 다음 은장이음[121]으로

---

121 양쪽 부재에 두 개의 역삼각형 형태를 끼워 맞춘 형식이며, 나비의 양 날개를 닮아서 '나비장'이라고도 한다.

보강하였다. 이 은장이음은 삼국시대부터 사용된 오래된 이음법으로서 백제시대에 조영된 미륵사지석탑에서도 그 흔적이 발견된 기법이다. 더 흥미로운 점은 동남아시아 국가인 캄보디아의 앙코르와트(Angkor Wat) 유적지에서도 이 은장이음이 발견된다. 한편 전면 정칸과 퇴칸에는 격자살청판문이 설치되었고, 협칸에는 격자살들창이 설치되었다.

⟨그림 85⟩ 대성전 툇보

⟨그림 86⟩ 제주 관덕정 충량

〈그림 87〉 대성전 기둥 은장이음

〈그림 88〉 앙코르와트 유적

〈그림 89〉 앙코르와트 유적의 은장이음

2. 명륜당(明倫堂)

〈그림 90〉 대정향교 명륜당

　1653년(효종 4) 대정향교가 지금의 위치에 이건될 당시 초창된 명륜당은 전국의 향교 중 유일하게 우진각 지붕을 가진 전각이다. 일반적으로 우리나라의 명륜당은 팔작지붕의 웅장한 형태가 주류를 이루고 있는 데 반해 대정향교의 명륜당은 다소 소박한 우진각지붕으로 조영되어진 것이다. 대성문을 들어서서 우측에 자리 잡은 이 명륜당은 정면 5칸, 측면 2칸 규모로서 전체 높이가 낮게 조영되어 소박하지만 매우 경건한 느낌을 주는 전각이다. 내부 상방 천장에는 명륜당이라는 편액(扁額)이 게시되었는데, 1812년(순조 12) 대정현감 변경붕(邊景鵬)이 주자(朱子)의 글씨를 모사하여 편액한 것이다. 이 글씨는 제주향교 명륜당 편액 글씨와 유사하지만, 편액 좌측에 연혁[122]을 새긴 것이 다르다.

122　"紫陽朱夫子手筆 崇禎紀元後四壬申重九日大靜縣監邊景鵬謹揭".

〈그림 91〉 대정향교 명륜당 편액

명륜당은 사면으로 퇴칸을 두어 독특한 평면을 취했다. 측면 퇴칸은 아궁이를 설치하여 불을 지피는 공간, 즉 '굴묵'으로 구성하였으며, 후면 퇴칸은 현무암 바닥의 툇마루 형식으로 구성하였다. 이런 평면 형태는 추사 김정희가 유배 당시 적거하였던 유배지[123] 밖거리의

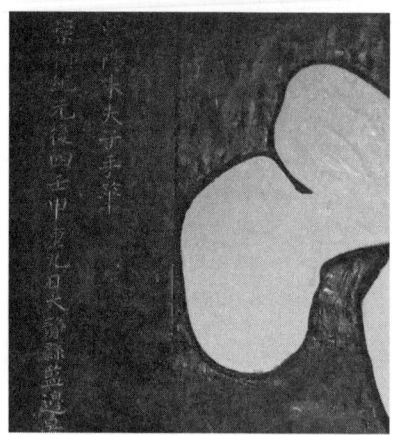

〈그림 92〉 명륜당 편액 좌측 확대

평면과 매우 유사하기도 한데, 제주지역 일부 초가에서는 툇마루에 마루 대신 현무암을 깔아 마당에서의 가사작업이 연장되는 공간으로 사용되기도 하였다.

---

[123] 추사는 대정현에 유배된 이후 세 곳에서 유배생활을 하였는데, 첫 번째는 대정읍성 동문 안의 송계순의 집이었고, 그 다음으로 옮긴 곳이 현재 위치인 강도순의 집이며, 그 후 안덕면으로 옮겼다고 한다. 현 유배지는 4·3 때 불타 버린 것을 추사의 편지 내용에 남아 있는 송계순의 집 구조를 고증하여 1984년에 복원한 것이다.

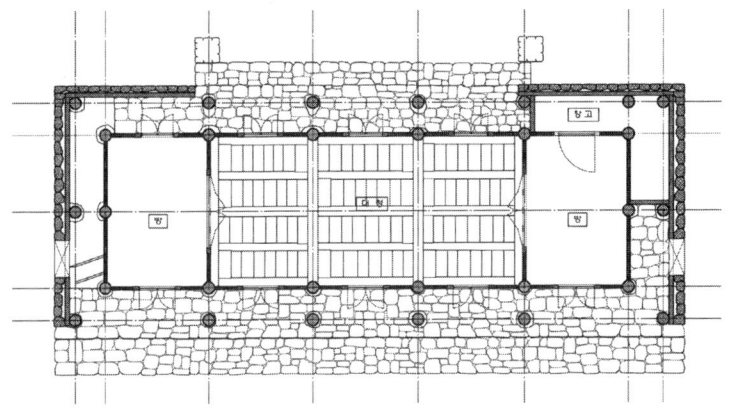

〈그림 93〉 대정향교 명륜당 평면도

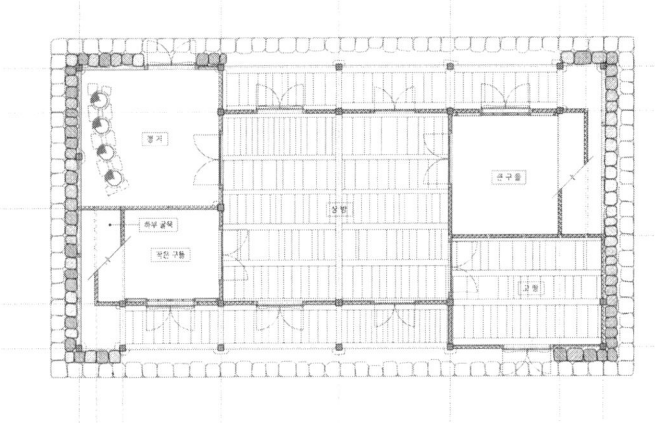

〈그림 94〉 서귀포 김정희 유배지 밖거리 평면도

    추사의 「세한도(歲寒圖)」 속 건물과 유사하게 보이는 대정향교 명륜당은 다른 지역의 명륜당과 비교하면 상당히 낮게 조영되었다. 또 전후 퇴칸과 낮은 기단, 굴묵시설 등을 볼 때, 이 지역 초가에서 유래된 척도와 건축 양식을 차용하고 있는 것으로 추정된다. 그렇지만 기둥의 굵기나 보아지 그리고 화반 등의 초각수법으로 보아 전체적인 민가 양식을 차용하면서도 세부적으로는 관학시설로서의 위엄을 지키려는 의도가 다분하다고 생각된다. 또 과하지 않으면서도 정제된 제주의 질박한 건축적 특징을 잘 담아내고 있는데, 이런 특징들은 대정현에 유배되었던 유배인들의 정서가 더해지면서 우진각지붕의 명륜당이라는 독특한 양식을 만들어 냈다고 본다.

뒤쪽에는 자연석으로 소성된 굴뚝 2기가 있는데, 후대에 설치된 것이다. 제주지역에서는 일반적으로 굴뚝을 사용하지 않는 들경고래[124]가 사용되었다. 제주에서 온돌이 사용된 것은 조선 초기 이전부터 사용된 것으로 추정되나, 조선 중기 김정(金淨)이 쓴『제주풍토록(濟州風土錄)』에 의하면, 주로 고위 관원들의 집에만 사용[125]한 것으로 기록되어 있다. 이런 기록으로 보아 제주지역에서 온돌은 조선 후기에 이르러서야 서민들에게까지 보급된 것으로 추정해 볼 수 있다. 하지만 이에 대한 정확한 연구는 아직까지 미흡한 실정이다. 들경고래로 일컬어지는 제주의 온돌 형태는 지극히 원시적으로 보이지만, 채난재(採暖材)인 목재를 쉽게 구하기 어려운 제주지역 여건에 맞게 발전되어 온 독특한 온돌문화라 할 수 있다. 따라서 현재 명륜당에 조성되어진 굴뚝과 온돌시설은 후대에 변형된 것으로 보인다.

전면에는 현무암 초벌대 기단을 퇴칸 안까지 이어서 낮게 구성하였는데, 바닥은 대성전과 마찬가지로 사암 판석과 현무암을 섞어서 깔았다. 그 위로는 아주 낮은 덤벙초석을 놓고 원주(圓柱)를 세웠다. 일반적

---

124 '굴묵'이라고 불리는 제주의 난방시설은 남부지방에서도 유사한 형식이 나타나는데, 제주의 굴묵은 굴뚝과 불목이 없다. 건조한 소와 말의 분(糞), 그리고 벼 잎과 조 잎, 나뭇가지 등을 함께 사용하여 연기를 만들어낸 후 입구를 막으면 가두어진 연기로 난방이 이루어지는 방식이다. 필자도 어릴 때 굴묵에서 불을 지핀 일이 있는데 가득 메운 연기가 맵지 않고 구수한 향이 었던 것으로 기억한다.

125 人居皆茅茨不編,鋪積屋上而長木橫結壓之。瓦屋絶少,如兩縣官舍亦茅蓋也,村屋之制,深廣幽深。各梗柡不相連屬,號品官人 外無溫堗,堀地爲坎,塡之以石,其上以上泥之如堗狀,既乾。寢處其上,吾意地多風濕,喘欬惡疾之類多緣此也。

으로 우리나라의 향교에 사용된 초석은 자연석을 가공하지 않고 그대로 사용한 덤벙초석이나 간소하게 가공된 원형초석이 대부분이다. 물론 일부 중부지방에서는 문양을 넣은 초석을 대성전에 사용하기도 하였지만 그 수는 많지 않다.

　기둥은 흘림이 없는 원주를 사용하였고, 공포는 소박한 형태의 민도리 양식이다. 보 하부에는 다소 투박해 보이는 보아지를 두었는데 길게 뽑은 형상과 초각 문양이 매우 독특하다. 초각 정도는 다르지만 흡사 제주향교 계성전과 대성전의 양식과도 유사하게도 느껴진다. 또 지붕은 홑처마로 구성하였으며, 기와 마구리는 아구토(牙口土)를 사용하여 간소하게 꾸몄다. 양 측면과 후면에는 현무암을 바른층쌓기하여 화방벽으로 꾸몄는데, 화방벽 상부를 강회로 완전히 막아 도리가 보이지 않게 하였다. 전면 퇴칸에는 두 짝 세살문을 각 칸마다 설치하였고, 벽면에는 중인방을 걸치고 회사벽으로 마감하고 있다. 기둥과 인방은 석간주색으로 도채하여 강건한 분위기를 연출하고 있고, 도리와 서까래, 문에는 뇌록색으로 가칠하여 석간주색과 조화를 이루고 있다.

3. 동재(東齋)와 서재(西齋)

단산(簞山)과 송악산(松岳山)을 축으로 하여 대성전과 명륜당이 배치되었고 그 사이에 동재와 서재를 배치하였다. 이 배치법을 흔히 전당후재(前堂後齋) 형식이라고도 한다. 다른 지역 향교에서는 보통 명륜당을 뒤쪽에 배치하고 동재와 서재를 바깥쪽에 배치하는 데 비해 대정향교에서는 명륜당을 앞쪽으로 두고 그 뒤에 동재와 서제를 둔 것이다. 고려 인종(仁宗, 1109~1146) 때 창건된 경남 산청(山淸)의 단성향교(丹城鄕校)의 배치법과 유사하다. 특히 이 배치법은 전라도 지역의 향교에서 많이 나타나는 배치법이다. 동재와 서재는 1653년(효종 4) 대정향교가 이곳으로 이건될 때 초창되어진 것이다.

〈그림 95〉 동재 전경

〈그림 96〉 서재 전경

　한편 고려 중기까지의 향교는 기본적으로 묘학동궁(廟學同宮) 형식을 근간으로 하였는데, 고려 후기에 이르러 강당 또는 명륜당이 증설되기 시작하였다. 이때 제향공간인 동무와 서무가 변화되면서 생긴 파생 형식일 가능성도 있다. 우리나라에서는 15세기 말에 이르러 대성전과 동·서무, 명륜당과 동·서재 형식이 명확히 형성된 것으로 알려지고 있다.[126] 대정향교의 동재와 서재는 현재 위치에 이건될 당시 초창된 것인데, 초창 이후 여러 차례 중수를 거쳤다. 대성전을 마주하여 명륜당 우측에 위치한 동재는 정면 4칸, 측면 2칸 규모의 우진각지붕 전각인데 전면에는 툇마루를 두어 우물마루를 깔았다.

　퇴칸 안으로는 각 칸마다 판문을 달아 석간주색으로 가칠단청하였고, 벽면은 중인방을 설치하지 않고 회사벽으로 마감하였다. 동재에는 1846년(헌종 12) 당시 대정현 훈장이었던 강사공(姜師孔)[127]이 유배 중

126　尹張燮, 『韓國의 建築』, 2002, P.530.
127　1772년(영조 48) 대정읍 일과리에서 출생한 학자이자 문인이며, 당시 대정현 훈장이었다.

이던 추사 김정희에게 청하여 '의문당(疑問堂)'이라는 친필을 받았는데, 이를 향원(鄕員) 오재복(吳在福)이 판각하여 동재에 게시하였다고 한다. 이 기록은 '의문당 현액 해제문(疑問堂 懸額 解題文)'[128]에서 전해 오고 있는데, 이 기록문 원본은 현재 남아 있지 않다. 하지만 이 해제문과 동일한 기록이 의문당 편액 뒷면에도 남아 있는데 두 번에 걸쳐 기록된 것으로 보인다. '의문(疑問)'은 『논어(論語)』의 공자(孔子) 구사(九思)에서 유래하는데 '의문이 생기면 질문하라'는 의미이다. 동재에 게시된 지금의 편액은 모각품으로서 원본은 제주추사관에 보관되어 있다.

〈그림 97〉 대정향교 동재 의문당 편액 전면

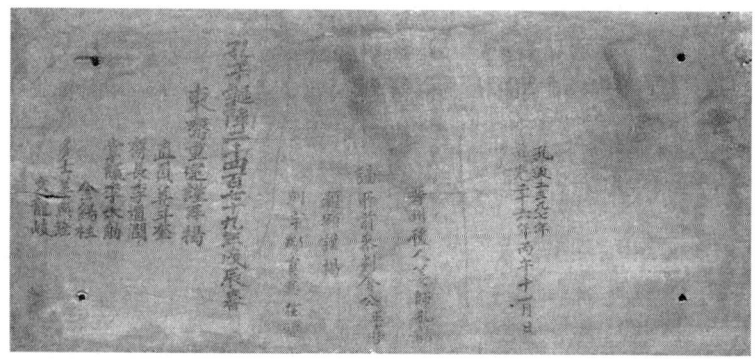

〈그림 98〉 대정향교 동재 의문당 편액 후면

---

128 "疑問堂 懸額 解題文 道光二十六年 丙午 十一月 日 晋州後人 姜師孔 請謫所前 參判金公 正喜 題額謹揭 刻手 鄕員吳在福 孔子誕辰二四七九年 戊辰 春 再揭".

동재에는 보통 양반의 자제가 기거하였으며, 서재에는 평민의 자제가 기거하며 수학하였다. 지역에 따라 동재생을 액내생(額內生) 또는 유생(儒生)이라 하였고, 서재생을 액외생(額外生) 또는 교생(校生)이라 칭하기도 하였다. 특히 동재생은 사족(士族)의 신분으로서 향교 정원에 관계없이 유안(儒案)에 입록되었는데, 교임에 선임되기도 하고, 향교 운영뿐만 아니라 향론 조성에도 깊이 관여하였다.[129] 이렇듯 신분제가 사회적 기반이었던 조선은 양반과 평민간의 구분을 두고자 하는 사회적 유풍이 강했다. 그렇기 때문에 향교 조영 양식에서도 이런 유풍이 반영되어 양반 유생들이 기거했던 동재를 더 크게 조영하였던 것이다. 영조(英祖, 1694~1776) 14년(1738) 제주목사(濟州牧使)였던 홍중징(洪重徵)의 신수(新修)『청금록(靑衿錄)』에서도 당시 신분제가 반영된 동·서재 기록을 찾아볼 수 있다.

"세세로 문벌이 높은 집안에서 배움에 뜻을 둔다면, 그 동쪽 재실에 살면서 배우고 닦는 공부로 나아간다. 길거리의 여느 자제들이 따라 노닐기를 원하면, 그 서쪽 재실에 살면서 물 뿌리고 청소하는 예를 다하게 된다"[130]고 기록되어 있다.

이 기록으로 미루어 당시 제주지역에서도 동재와 서재에 대한 사회적 인식과 위계에 대한 경계가 분명했음을 짐작할 수 있다. 또한 조영 기법에서도 이런 유교적 예와 사회적 인식을 투영한 사례들을 많이 볼 수 있으며, 이런 사례들은 좌상우하를 표현한 예법과도 맥을 같이한다고 볼

---

129 姜大敏, 前揭書, 1992, P.265.
130 世家門族之志於學者, 居其東, 以進藏修之工, 閭巷子弟之願從遊者, 居其西, 以備灑掃之禮.

수 있다. 한편 군역이 문란해지는 조선 말 이전까지는 유생들에게 군역(軍役)과 잡역(雜役)을 면제해 주었기 때문에 이를 노린 백의유생(白衣儒生)들도 상당하였다.

　동재는 초벌대 기단 위에 현무암 덤벙초석을 놓아 방주를 세웠고, 공포는 보와 도리로만 구성한 민도리 양식이다. 처마는 부연이 없는 홑처마를 사용하였는데, 기와 끝은 하얀색의 아구토(牙口土)로 마감하여 단출한 입면을 구성하고 있다. 또 가구(架構)는 납도리를 사용한 5량가 구조로서 평주와 고주에 대들보를 걸고 그 위에 동자주를 세워 종보를 받치고 있다. 종보 위에는 판대공을 놓아 종도리를 지탱하도록 하였으며, 천장은 회벽으로 마감한 연등천장이다. 모든 가구재와 인방재, 문 등에는 석간주색으로 가칠하였고, 벽에는 하얀색의 회사벽으로 마감하여 소박하고 단아한 분위기를 연출하고 있다. 양 측면과 후면에는 현무암을 바른층쌓기한 화방벽으로 도리 밑까지 둘렀다.

　명륜당에서 대성전을 정면으로 바라보면 좌측에 위치하고 있는 전각이 서재인데, 동재보다 다소 작은 규모로 조영된 전각이다. 정면 3칸, 측면 2칸 규모의 서재는 동재와 마찬가지로 홑처마 형식이며 우진각지붕이다. 양 측면과 후면에는 화방벽을 바른층쌓기 양식으로 쌓았다. 전면에는 퇴칸을 두었고, 바닥에는 방형의 현무암 박석을 깔아 초벌대 기단을 구성하고 있다. 그 위에는 다소 투박하게 가공된 정평초석을 놓고 방주를 세웠다. 가구는 비교적 간소하게 꾸민 1고주 5량가이며, 납도리를 사용하고 있다. 고주와 평주에 대들보를 걸고 그 위에 동자주를 세워 종보를 걸었으며, 다시 키대공을 놓고 종도리를 받치는 구조로 소박하게 조영하였다. 내부는 연등천정으로 구성하고 회벽으로 마감하였다.

古地図（済州島）

主な地名：
- 濟州
- 夜刖島
- 長坪
- 朝貢浦
- 水晶寺
- 嚴莊浦
- 禾北川
- 伊寺村
- 老衡村
- 三姓穴
- 奉蓋岳
- 木密岳
- 有信村
- 無愁川
- 今勿德
- 表岳
- 三昕
- 屛風川
- 漢拏山
- 穴望峰
- 十星坮
- 滲水洞
- 五昕
- 廣陵
- 高古山
- 白鹿潭
- 巨隱岳
- 修行路
- 六昕
- 並岳
- 七昕
- 八昕
- 孤根山
- 紺山
- 加內川
- 芳淵
- 寒達川
- 蒸屯
- 山房川
- 金露浦
- 天池淵
- 暴泉

IV
천년 고목의 향(香) 정의향교

제주지역의 향교 중 정의향교는 유일하게 성 안에 남아 있는 향교이다. 대체적으로 우리나라 향교는 조선 중기를 거치면서 읍성과는 다소 떨어진 곳에 자리 잡는 경향을 보이는 데 반해 정의향교는 그 반대의 경우라 할 수 있다. 또 조선 초기에 초창된 정의향교는 여러 번의 이설과정을 겪은 후에야 지금의 자리에 정착하였다. 고려 충렬왕 26년(1300)에 제주를 동도(東道)와 서도(西道)로 나누고 현재 제주시인 대촌(大村)을 제외한 지역에 14개의 현(縣)을 설치하였다. 이후 조선 태종 16년(1416) 동도와 서도를 폐지하고 제주목(濟州牧)을 중심으로 산남의 서쪽에는 대정현(大靜縣), 동쪽으로는 정의현(旌義縣)으로 개편하여 현감을 파견하는 주현(主縣)이 되었다. 이전 정의현과 대정현은 현감이 파견되지 않은 제주목의 속현(屬縣) 중 하나였다.

당시 정의현(旌義縣)에는 정의현,[131] 토산현(兎山縣)[132]과 호아현(狐兒縣)[133], 홍로현(洪爐縣)[134] 등 4현이 있었다.[135] 본래 정의향교는 정의현으로 개편되기 이전인 1408년(태종 8) 홍로현에 초창된 것으로 추정된다. 이 초창에 관한 기록은 남아 있지 않으나, '정의향교 유래기(旌義鄕校 由來記)'가 전사(傳寫)되어 지금까지 전해 오고 있다. 대정향교와 정의향교가 일제강점기인 1914년 폐교령(廢校令)에 의해 제주향교로

---

[131] 지금의 성산읍 일대이다.
[132] 지금의 표선면 일대. 현 토산리에 현청이 있었다.
[133] 지금의 남원읍 일대. 현 하례리에 현청이 있었다.
[134] 구 서귀읍 일대. 현 서홍동에 현청이 있었다.
[135] 吳昌命,『濟州道 마을 이름의 綜合的 硏究Ⅱ』, 2007, P.536.

강제 폐합된 이후 모든 문서들이 몰수되었는데, 정의향교 유래기는 전 장의(掌議) 양성하(梁聖夏)[136]의 필사본이 남아 있어 전사될 수 있었지 만 대정향교 유래기는 영영 잃고 말았다고 한다.[137]

다음은 '대동문헌보감(大東文獻寶鑑)의 연혁[138]'과 『정의군지(旌義郡誌)』에 기록[139]된 유래기(由來記) 내용을 수정 보완하였다.

太宗八年戊子建鄕校于烘爐是爲瀛洲山南建校之嚆失(事在耽羅誌).
世宗五年癸卯建鄕校于縣成西門外(事在耽羅誌).
英祖十四年戊午縣監羅億齡建齋室(事在耽羅誌).
純祖九年己巳縣監呂喆永移建成北花院洞(事在高鳴鶴移建記).
憲宗十五年己酉移建縣成西門內(事在耽羅誌).
純宗隆熙三年己酉重修(事在吳邦烈重修記).
檀紀四二四五年壬子吳邦烈金愼璜等殿牌奉安于大成殿.
檀紀四二四七年甲寅倭政治下强制廢校同時校土及書堂田沒收.
檀紀四二五五年壬戌四月一日金熙殷金愼璜康鶴瑞等鄕校復設.
檀紀四二八四年辛卯道知事吉聖運郡守金善玉配廬下典敎吳卿彦訓長鄭慶龍等重修. (이때에 기와가 부족하여 동서재의 기와를 걷어 대성전을 덮고 동·서재를 훼철하였다.)

---

136 호는 농항(農巷)이며, 해은(海隱) 김희정(金羲正, 1844~1916) 선생의 문인이다. 학문이 깊었으며, 신예리에서 평생 훈학하였다.
137 南濟州郡, 『南濟州 通卷 第42號』, 2001, P.136.
138 성읍마을회, 『성읍마을지』, 2015, P.235. (이 '耽羅誌'는 好近里 出身 許垠 所藏本이다.)
139 吳文福, 『旌義郡誌』, 2005, PP.81~82.

당시 향교터는 '생굣가름' 또는 '향교가름(鄕校家音)'[140]이란 지명으로 지금까지 전해 오고 있으며, 인근에는 기와를 만든 것으로 추정되는 와왓(瓦田)[141]이 있다. 기와는 우리나라에서 삼국시대 이전부터 건축물을 보호하기 위해 사용되어 왔던 재료인데, 주로 왕궁을 비롯한 관아건축물이나 사원 등에서 사용되었고 민간에서는 사용되기 힘들었다. 이 향교터 일대에서는 기와편을 비롯한 각종 유물들이 발굴되기도 하였다. 조선시대에는 관아나 문묘건축물 등 주요건물들이 들어선 마을에는 통상 기와를 제작하는 와요(瓦窯)가 여러 군데 설치되었다.

〈그림 99〉 서홍동 향교터

제주도에서는 기물을 구웠던 요(窯)를 일컬어 '굴'이라고 한다. 이 굴을 특징별로 구분해 보면 기와요인 '왓굴' 또는 '기왓굴' 그리고 그릇 표면이 진회색을 띤 질그릇을 구웠던 '검은굴', 그릇 표면이 노란 갈색을

---

140 서귀포시 서홍동 1518번지 일대로써 '생이가름'이라고도 한다.
141 서귀포시 서홍동 1300번지 일대로써 향교터에서 약 100여 미터 남쪽 부근이다.

띤 오지그릇을 구웠던 '노랑굴'이 있다.[142] 제주에서 기와를 처음 구웠던 정확한 연대는 알 수 없으나, 고려 말 항파두성(缸坡頭城) 축조 시 만들어진 것으로 추정되는 상귀리 기왓굴과 조선 중기에 조성된 것으로 추정되는 함덕리 기왓굴[143] 등이 현존해 있다. 이 함덕리 기왓굴은 인근에 관아가 존재하였음을 증명하는 유적이기도 하다. 하지만 제주 전역에 걸쳐 존재하였을 것으로 추정되는 기왓굴은 안타깝게도 보존되지 못하고 대부분 훼손된 것으로 보인다. 최근 제주시 광양로터리 인근에서는 고려시대 와요지가 발굴되기도 하였다.

〈그림 100〉 함덕리 기왓굴

한편 필사되어진 이 유래기는 공인된 기록이 아니기 때문에 창건연대와 관련한 사료로서 인정을 받지는 못하고 있다. 뿐만 아니라 세종 5년(1423) 성 밖에 이건되었다는 기록 등은 오기일 가능성이 큰데, 이 부분

---

142 濟州道, 『濟州民俗遺跡』, 1997, P.211.
143 제주시 조천읍 함덕리 191번지.

은 다시 언급하기로 한다. 공식기록으로서『세종실록(世宗實錄)』, 권10, 세종 2년(1420) 11월 15일 기묘(己卯) 내용에는 고정의현에 설치된 정의향교의 창건, 그리고 교도관 파견에 관한 기록이 보이고 있다. 이 기록에 의해 정의향교는 세종 2년에 초창된 것으로 지금까지 알려져 있다. 더불어 제주지역에서 향교 교육이 이루어진 시기를 대체적으로 조선 초기로 보는 견해가 많다. 그런데 유학이 보급되어진 시기와 다른 지역에서 향교가 조선조 이전에 설치된 예들을 감안하면 제주지역에서 유학교육이 조선 조기에 와서야 이루어졌다는 데에는 많은 의문을 가질 수밖에 없다.

지금의 성산읍 고성리(古城里)로 정의현청이 1416년 이설된 이후 4년이 지난 세종 2년(1420)에 이르러 안무사(安撫使) 오식(吳湜)에 의해 정의향교가 고성(古城)[144]으로 이건되었다. 당시 정의향교가 이건된 위치는 지금의 동남초등학교 서쪽 부근으로 추정되는데, 이곳을 '향교터'라 하여 지역 주민들에게 구전되고 있다. 하지만 얼마 지나지 않아 행정구역 개편을 요구하는 계문(啓聞)이 올려지기 시작하였으며 이후 정의현성(旌義縣城)은 다시 이설이 추진된다.

다음은『태종실록(太宗實錄)』, 태종 16년(1416) 5월 6일 정유(丁酉)에 기록된 제주의 행정구역 개편을 요구하는 계문 내용이다.

제주 도안무사(濟州都按撫使) 오식(吳湜)과 전 판관(判官) 장합(張合) 등이 그 땅의 사의(事宜)를 올렸다. 계문(啓聞)은 이러하였다.

---

144 서귀포시 성산읍 고성리 1315번지 일대.

"제주에 군(郡)을 설치하던 초기에 한라산(漢拏山)의 4면(四面)이 모두 17현(縣)이었습니다. 북면(北面)의 대촌현(大村縣)에 성을 쌓아서 본읍으로 삼았습니다. 동서도(東西道)에는 정해진(靜海鎭)을 두고, 군사와 말을 모아 연변을 방어하였습니다. 그리고 동서도(東西道)의 도사수(都司守)는 각각 부근의 군사와 말을 고찰하고 목장(牧場)을 겸임하였습니다. 땅은 크고 백성은 조밀하고 소송이 번다합니다. 동서도(東西道)의 산(山) 남쪽에 사는 사람들이, 목사(牧使)가 있는 본읍(本邑)을 왕래하려면 매우 어려울 뿐만 아니라 농사 때에 갔다가 오는데 그 폐단이 적지 않습니다. 또 정해진(靜海鎭)의 군마와 목장(牧場)을 겸임한 다수 직원(職員)이 그 무지한 무리를 거느리고 군마를 고찰한다 핑계하고 백성을 침해하여 폐단을 일으키고, 혹은 무시로 사냥(畋獵)하여 잔약한 백성들을 소요(搔擾)스럽게 하지만, 목사(牧使)와 판관(判官)이 또한 그 연고를 알지 못하니 어찌 고찰할 수 있겠습니까? 이것이 여러 해 묵은 큰 폐단입니다. 마땅히 동서도(東西道)에 각각 현감(縣監)을 두어야 하니, 재주가 문무(文武)를 겸하고 공정하고 청렴하고 정직한 자를 차하(差下)하여 목장(牧場)을 겸임하게 하소서. 이로 하여금 동서(東西) 정해진(靜海鎭)의 군마를 고찰하여 고수(固守)하게 하고, 또한 관할하는 목장(牧場) 안의 마필의 새끼 쳐서 자라는 것과 수다한 직원(職員)·목자(牧子)가 보살펴 키우는 일에 능한지의 여부를 살피게 하소서. 판관(判官)을 안무사도(按撫使道)의 수령관(首領官)으로 겸차(兼差)하여, 안무사가 수령관과 같이 다른 도의 감사(監司)의 예에 의하여 순행(巡行)하면서 수령의 부지런한지 게으른지를 고찰하여 포폄(褒貶)을 시행하고, 이조(吏曹)로 이보(移報)하면, 이것이 잘 다스려져 오래도록 평안히 되는 계책입니다. 원컨대, 이제부터 본읍에는 동도(東道)의 신촌현(新村縣)·함덕현(咸德縣)·금녕현(金寧縣)과 서도(西道)의 귀일현(貴日縣)·고내현(高內縣)·애월현(厓月縣)·곽지현(郭支縣)·귀덕현(歸德縣)·명월현(明月縣)을 소속시키고, 동도(東道)의 현감(縣監)은 정의현(旌義縣)으로서 본읍을 삼아 토산현(兎山縣)·호아현(狐兒縣)·홍로현(洪爐縣) 등 3현(三縣)을 소속시키고, 서도(西道)의 현감(縣監)은 대정현(大靜縣)으로서 본을 삼아 예래현(猊來縣)·차귀현(遮歸縣) 등 2현(縣)을 소속시키되, 두 곳의 현감이 만약 공사(公事)가 있을 때 감히 독단(獨斷)할 수가 없으면, 안무사(按撫使)에 의논을 보내어 결절(決絶)한 뒤에 사연(辭緣)을 내략 들어 정보(呈報)하여서 출척(黜陟)에 빙거하게 하고, 만약 진상(進上)하는 마필을 쇄출(刷出)하는 일과 연례(年例)의 마적(馬籍) 따위의 일이라면 현감(縣監)이 관할하는 마필의 나이와 털 빛깔을 정보(呈報)하면, 안무사가 순행(巡行)하여 친히 감독 고찰하여 시행하고, 관할하는 군관(軍官)과 군인(軍人) 가운데 천호(千戶)와 백호(百戶)는 차정(差定)한 연월(年月)의 오래고 짧은 차등을 가지고 현감(縣監)이 분간하여 정보(呈報)하면 안무사가 서로 고찰하여 그전대로 차하(差下)하는 것으로써 항식(恒式)을 삼으소서."

육조(六曹)와 의정부(議政府)에 내려서 의논하여 계문(啓聞)하게 하니, 이조에서 의정부와 제조(諸曹)와 함께 의논하였다.

"제주(濟州)의 동서도(東西道) 현감(縣監)이 신설한 목장(牧場)을 겸임하는 일이나, 신현(新縣)에다 각현을 합속시키는 일이나, 마필(馬匹)의 번식을 순행하면서 고찰하는 일이나, 천호(千戶)와 백호(百戶)를 차정(差定)하는 일 따위는 계본(啓本)에 의하여 시행하고, 그 신설한 현감의 정적(政績)에 대한 전최(殿最)는 도안무사가 다른 영내관(領內官)의 예에 의하여 때때로 고찰하여 도관찰사(都觀察使)에게 전보(傳報)하면,

도관찰사는 목사(牧使)와 판관(判官)의 정적(政績)을 아울러 고찰하여 포폄(褒貶)을 시행하고, 모든 형옥(刑獄)의 결송(決訟)과 전량(錢糧) 등의 일은 바다를 격하였기 때문에 제때에 보고할 수 없으니, 시행한 뒤에 사연을 대략 들어서 1년에 두 차례 감사에게 정보(呈報)하게 하되, 국둔(國屯)의 마필의 번식한 다소와 죽어서 없어진 수도 아울러 기록하여 정보(呈報)하게 하여서 출척(黜陟)에 빙거(憑據)하게 하소서."

임금이 그대로 따랐다.[145]

하지만 고성(古城)으로 정의현성이 이설된 다음 해 정의현감(旌義縣監) 이이(李貽)는 전라도 관찰사를 통하여 현재 고성리의 정의현성을 진사(眞舍)나 토산(兎山)으로의 이설을 요청하였다. 당시 고성리가 왜구의 침입이 잦았을 뿐만 아니라 태풍이 자주 불어 흉년이 들고, 또 지

---

145 ○丁酉/濟州都安撫使吳湜, 前判官張合等上其土事宜. 啓曰: "濟州置郡之初, 漢拏山四面凡十七縣. 北面大村縣築城, 以爲本邑; 東西道置靜海鎭, 聚軍馬沿邊防禦, 而東西道都司守, 各以附近軍馬考察, 兼任牧場. 然地大民稠, 訴訟煩多, 東西道山南接人往來牧使所在本邑, 非徒辛艱, 農時往返, 其弊不小.
又靜海鎭軍馬及牧場兼任數多職員, 率其無知之輩, 軍馬考察依憑, 侵民作弊, 或無時畋獵, 搖擾殘民. 牧使判官亦未知其故, 豈得考察? 是積年巨弊, 宜於東西道各置縣監, 以才兼文武, 公廉正直者差下, 牧場兼任, 使之東西靜海鎭軍馬考察固守, 亦察其所管牧場內馬匹蕃長, 數多職員, 牧子看養能否. 以判官兼差安撫使, 道首領官, 安撫使, 同首領官, 依他道監司例巡行, 守令勤慢考察, 褒貶施行, 移報吏曹, 則是長治久安之策也. 願自今本邑則屬以東道新村縣 · 咸德縣 · 金寧縣, 西道貴日縣 · 高內縣 · 厓月縣 · 郭支縣 · 歸德縣 · 明月縣. 東道縣監以旌義縣爲本邑, 屬以兎山縣 · 狐兒縣 · 洪爐縣等三縣; 西道縣監以大靜縣爲本邑, 屬以犬來縣 · 遮歸縣等二縣, 而兩處縣監, 如有公事, 不敢獨斷, 則以安撫使議送決絶後, 辭緣略擧呈報, 以憑黜陟. 若進上馬匹刷出及年例馬籍等事, 縣監以所管馬匹齒毛色呈報, 安撫使巡行親監, 考察施行. 所管軍官軍人內, 千戶, 百戶則以差定年月久近差報, 縣監分揀呈報安撫使, 相考依舊差下, 以爲恒式何如?"
下六曹, 與議政府擬議啓聞. 吏曹與議政府, 諸曹同議: "濟州東西道縣監新設, 牧場兼任事, 新縣合屬各縣事, 馬匹蕃息巡行考察事, 千戶百戶差定事, 依啓本施行. 其新設縣監政績殿最, 都安撫使依他領內官例, 以時考察, 傳報都觀察使, 都觀察使竝考牧使判官政績, 褒貶施行. 凡刑獄決訟 · 錢糧等事, 因隔海不可以時而報, 施行後辭緣略擧, 一年兩次呈報監司, 國屯馬匹蕃息多少, 故失之數, 幷錄呈報, 以憑黜陟." 從之.

역적으로 동쪽에 너무 치우친 점을 고려하였다고 한다.

다음은 『태종실록(太宗實錄)』 태종 17년(1417) 5월 19일 갑진(甲辰)에 기록된 진사리(眞舍里) 이설에 관한 내용이다.

전라도 관찰사(觀察使)가 제주(濟州)의 사의(事宜)를 올리기를,

"정의 현감(旌義縣監) 이이(李貽)의 정문(呈文)에 의거하면, '정의(旌義)를 본읍(本邑)으로 삼으라는 교지(敎旨)가 있었다'고 하나, 그곳에 합속(合屬)한 4현(縣)이 한라산(漢拏山) 남쪽에 연달아 배치되어, 만약 정의현을 본읍으로 삼는다면 호아현(狐兒縣)·홍로현(洪爐縣)은 서로의 거리가 3식(息)¹⁴⁶ 남짓하여 그 인민의 왕래, 공사(公事)의 지대(支待)와 목장(牧場)을 고찰하는 등의 일에 있어 폐단이 실로 적지 아니하니, 마땅히 중앙에 있는 정의(旌義) 땅, 서촌(西村) 진사(眞舍)와 토산(兎山) 땅 중에서 지리(地利)가 가당(可當)한 곳에다 읍성(邑城)을 배치하여, 만약 그곳을 방어할 경우라면 현감은 바람이 순할 때, 군대를 영솔하고 정의진(旌義鎭)에 이르러 고수(固守)하며 방어하게 하소서" 하니, 그대로 따랐다.¹⁴⁷

계청(啓請)한 지 얼마 지나지 않아 고성리에 설치된 정의현청은 다시 이설 과정을 겪게 된다. 안무사(按撫使) 정간(鄭幹)은 세종 5년(1423)

---

146 조선시대 거리측정법으로써 1식(息)은 30리(里), 약 12km이다.

147 ○全羅道都觀察使上濟州事宜: 據旌義縣監李貽呈, 以旌義爲本邑, 曾有敎旨, 然其合屬四縣, 連排于漢拏山南面, 若以旌義縣爲本邑, 則狐兒縣·洪爐縣相去三息有餘, 其人民往來, 公事支待及牧場考察等事, 弊實不貲. 宜於中央旌義地西村 眞舍及兎山地中, 地利可當處, 邑城排置. 若其防禦則縣監於順風時, 領軍到旌義鎭, 固守防禦. 從之。

계문(啓聞)을 올려 고성리 현청(縣廳)을 진사리(晋舍里, 지금의 성읍1리)¹⁴⁸로 옮기게 되는데, 이때 정의향교도 현청과 함께 진사리로 옮겨지게 된다. 이건 당시 위치는 정의현성(旌義縣城) 서문 안 서쪽 부근이었는데, 대성전 등 주요 전각만 이건되었을 것으로 추정된다. 이후 영조 14년(1738)에 나억령(羅億齡) 현감이 명륜당과 재실을 추가로 증축하였다. 한편 진사리 서문 안으로 이건된 지 400여 년이 흐른 1809년(순조 9)에 이르러서 정의향교는 성 북쪽의 화원동(化源洞)으로 이건하였다. 또다시 1849년(헌종 15)에는 정의현성 안 지금의 위치로 이건하여 지금에 이르고 있다.

정의향교의 진사리(晋舍里) 이건 및 위치 등에 관한 기록은 여러 사료에서 살펴볼 수 있는데, 조선 전기에 쓰여진 『신증동국여지승람(新增東國輿地勝覽)』과 조선 중기의 기록인 『증보탐라지(增補耽羅誌)』에는 정의향교가 성안에 위치하고 있다고 기록하고 있다. 또 조선 중기에 쓴 기행문 형식의 『남사일록(南槎日錄)』 역시 정의향교가 성 가운데 서편에 있다고 기록되어 있다. 그뿐만 아니라 1702년에 작성된 「탐라순력도(耽羅巡歷圖)」에도 대성전으로 보이는 전각과 그 앞에 보조 전각이 서문 안 성내에 설치된 것으로 나타나 있다. 게다가 18세기에 그려진 대부분의 지도에서도 정의향교가 성 안에 있는 것으로 표현되고 있다.

---

148 정의현이 이전해오기 전 성읍마을 이름이다. '진사마을'이라고도 하였으며, 또 다른 한자표기로는 '晉舍里'라고도 한다.

〈그림 101〉 탐라순력도 정의강사

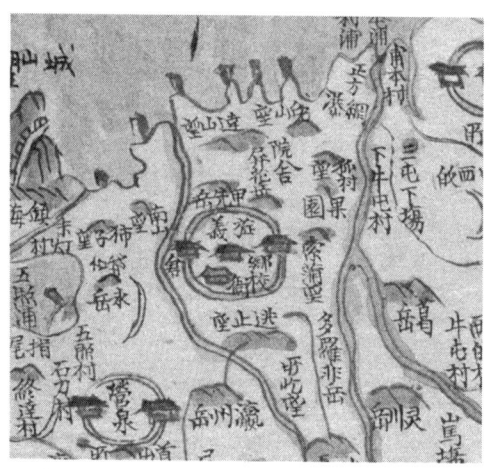

〈그림 102〉 18세기 후반 지승(地乘)지도의 정의현

또 1601년 김상헌(金尙憲)이 쓴 『남사록(南槎錄)』에는 서귀방호소(西歸防護所)에서 묵은 후 아침에 정의향교에 가서 배향하였다고 하였는데, 이때 향교는 북쪽 모퉁이에 있는 것으로 기록[149]하고 있다. 당시 정

---

149 "十五日己卯,晴, 北風大吹.宿西歸防護所,曉行望闕禮.朝謁聖于鄕校.校在城內北隅, 廟庭荒蕪, 無垣墻, 植竹爲籬".

의향교의 위치와 관련한 다른 사료에서는 정의현성(旌義縣城) 서문 안에 있다고 기록되고 있기 때문에 『남사록』의 북문 모퉁이에 있다는 것과 다소 차이가 있다. 하지만 정의현성의 규모가 그리 크지 않았을 뿐만 아니라 북측 모퉁이와도 먼 거리는 아니었기 때문에 주관적 기록에 의한 편차로 보인다. 이렇듯 정의향교는 이곳으로 이건된 이후 400여 년 동안 줄곧 같은 자리를 지켜 온 것으로 추측된다. 한편 당시 김상헌이 묵었던 서귀방호소는 선조 23년(1590)까지 서홍동 향교터에서 멀지 않은 홍로천(지금의 솟밧내 북쪽) 위쪽에 있었다가 1590년 이후 지금의 위치로 옮겨졌다.

이후 순조 9년(1809)에는 향교가 관청에 너무 가까이 있고 주변에 민가들이 많아 시끄러우며, 서쪽으로 좌향한 문묘는 예(禮)에 어긋난다고 하여 여철영 현감이 다시 성 북쪽[150]으로의 이건을 추진하였다. 정의향교는 이때까지도 서문 안 북측 면에 위치하고 있었으며, 서향으로 좌향하고 있었던 것으로 보인다. 하지만 정의현 객사(客舍)에 화재가 나서 문적(文籍)들이 소실되자 그 책임을 떠안고 여철영 현감이 자리를 떠나게 되면서 이어 부임한 노상희(盧尙熙) 현감에 이해 이듬해 성 북쪽으로의 이건을 완성하게 되었다. 하지만 이건한 지 얼마 지나지 않아 객사의 화재는 문묘의 터가 불길하기 때문에 발생하였다는 여론이 형성되기 시작하였다.[151] 이후 헌종 15년(1849) 장인식(張寅植) 목사(牧使)[152]에 의해 서문 안, 현 위치에 옮겨지게 된 이후 지금에 이르고 있다.

---

150 서귀포 효돈 출신의 문과 급제자인 고명학(高鳴鶴, 1769~1836)의 기문에는 순조 10년(1810) 성읍리 북쪽의 화원동(化源洞)에 이건하였다고 기록하고 있다.

151 吳文福, 前揭書, 2005, P.80.

152 『耽羅紀年』, 己酉 憲宗 15年.

〈표 4〉 정의향교 초창 및 이건 연혁

구분	연도	초창 및 이건 위치	주관	비고
초창	1408년 (태종 8)	홍로현(洪爐縣)	-	서홍동 1518번지 일대
첫 번째 이건	1420년 (세종 2)	성산읍 고성리(古城里)	안무사 오식(吳湜)	고정의현성 (古旌義縣城)
두 번째 이건	1423년 (세종 5)	진사리(晉舍里)	안무사 정간(鄭幹)	성안 서쪽 (북측에 가까웠던 것으로 추정)
세 번째 이건	1809년 (순조 9)	화원동(化源洞)	현감 여철영(呂哲永)	성 밖 북쪽 약 2리
네 번째 이건	1849년 (헌종 15)	현 위치	목사 장인식(張寅植)	서문 안 현 위치

한편 일제강점기인 1914년에는 정의읍(旌義邑)이 폐지되면서 정의향교도 동시에 폐교되었고 운영자금이었던 서당전(書堂田)도 몰수되었다. 이윽고 1918년에는 일제의 일군일교(一郡一校) 정책에 따라 정의향교가 제주향교에 강제 통폐합되는 고난을 겪는다. 하지만 이후 지역 유림들의 지속적인 노력과 희생으로 1922년 복설(復設)하게 되었다.

〈그림 103〉 정의향교 항공

현재 향교 동쪽 근민헌(近民軒) 인근에는 고목군이 조성되어 있는데, 이 중 도로 옆의 느티나무는 국가지정문화재 천연기념물 제161호로 지정 보호되고 있으며, 수고가 30여 미터에 달하고 수령은 천 년 정도로 추정되고 있다. 천 년을 지켜 온 느티나무와 정의향교가 마주한 성읍마을은 자연과 사람이 하나처럼 동화되어지는 남모를 힘이 느껴지는 동네이다. 특히 주변 초가들과 어우러진 목가적인 물상은 마치 조선시대에 와있는 것 같은 착각을 불러일으킬 만하다. 과연 우리나라에 이런 산촌이 얼마나 남아 있을까? 성읍마을은 분명 우리 모두에게 축복받은 동네임에 틀림없다는 생각이 든다.

〈그림 104〉 성읍마을 느티나무 주변

지금의 정의향교 배치 형태는 상당히 독특한 배치법이라 할 수 있다. 대성전을 동향으로 좌향하였고, 전면에는 동재와 서재를 배치하였다. 동·서재가 대성전을 축으로 하여 서로 마주보는 형태이기는 하나, 동재 출입문을 반대쪽에 두어 동서재가 같은 방향, 즉 남쪽만을 바라보고 있다. 통상 향교의 동재와 서재는 서로 마주보게 출입문을 둔다는 점을 고려하면 정의향교는 매우 특이하다 할 만하다. 남쪽으로는 명륜당을 두었고, 그 주변에는 부속시설인 수호사(守護舍)와 수선당(首善堂)이 배치되어 있는데, 수호사는 1994년에 이설(移設)하여 복원되었고, 수선당은 1978년 중건하였다가 1988년 재 복원된 것이다. 대성전과 명륜당을 나란히 병렬 배치한 것은 좁은 대지 여건을 감안하였을 것으로 보이는데, 좌측에는 문묘를 두고 우측에는 강학공간을 두는 좌묘우학(左廟右學)의 배치 형식이라고 할 수 있다. 지금의 제주향교도 이 배치법과 유사하다.

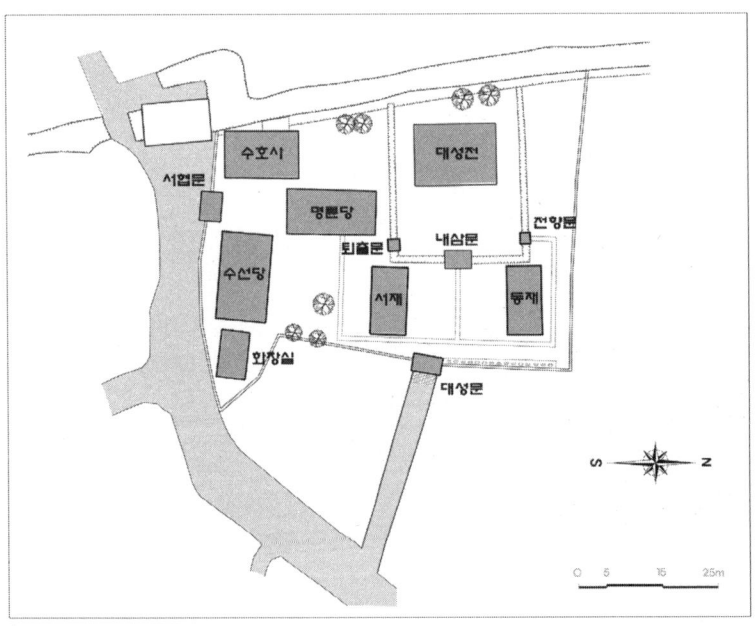

〈그림 105〉 정의향교 배치도

1. 대성전(大成殿)

　정의현성(旌義縣城) 서문에서 동쪽 길을 따라 가다 보면 좌측으로 좁은 골목이 눈에 들어온다. 이 골목 안으로 들어서면 7단의 현무암으로 조성된 높은 계단 위에 정의향교 정문인 대성문(大成門)이 나타나는데, 정면 3칸, 측면 1칸 규모의 맞배지붕으로 조영되었다. 소박하지만 강건한 형태의 평삼문(平三門) 형식인데, 내·외측으로 현무암의 장주형 초석을 사용하였다. 양 측면에는 현무암을 허튼층쌓기하여 화방벽으로 구성하였고 줄눈은 사용하지 않았다. 본래 기둥은 방주와 원주를 혼합하여 조영하였는데, 가운데 정칸에는 방주를 세웠고 협칸에는 원주를 세웠었다. 그런데 최근 보수하면서 정칸의 방주를 원주로 바꾸어 버렸다. 뿐만 아니라 현재 기둥의 맞춤기법은 이전에는 사갈을 터서 화통가지맞춤을 사용하였었는데, 지금은 양갈 튼 반턱맞춤으로 짜 맞추어져 있다. 이 또한 최근 원주로 바꾸면서 맞춤기법까지 바꾸어 버린 것이다. 이런 세부기법들이 제대로 지켜지지 못하고 간소화되어 버리는 현실에 상실감과 안타까움을 느낀다.

　공포는 민도리 양식으로 구성하였고 가구는 납도리를 사용한 3량가이다. 또 대들보 위에 동자주를 세우고 종도리를 받치고 있다. 기둥과 문에는 석간주색으로 가칠하였는데, 보와 서까래 등은 뇌록색으로 가칠하였다.

〈그림 106〉 정의향교 외삼문(대성문)

〈그림 107〉 외삼문(대성문) 기둥 맞춤

대성문(大成門)을 들어서면 동재와 서재가 마주한 마당이 나온다. 이 마당에는 동재와 서재, 그리고 내삼문(신삼문)을 잇는 역 T자형의 신도(神道)가 놓여 있다. 동·서재 사이를 가로지르면 정면 3칸, 측면 1칸 규모의 내삼문(신삼문)과 마주한다. 맞배지붕의 솟을 삼문형식으로 조영된 내삼문은 정칸은 비교적 굵은 직경의 원주가 사용되었고, 퇴칸에는 가는 원주를 사용하였다. 또 정칸에는 높은 장주형 초석을 사용한 반면, 퇴칸에는 낮은 현무암 정평초석을 사용하였다. 외삼문과 마찬가지로 공포는 민도리 양식을 취하였으며, 가구는 3량가 구조의 간소한 형식이다.

〈그림 108〉 정의향교 내삼문

내삼문 좌우로는 현무암 겹담이 둘러져 있고, 안으로는 신도로 연결된 정의향교의 중심 전각인 대성전이 자리 잡고 있다. 대성전은 1849년(헌종 15) 이곳으로 이건된 이래 같은 자리를 지켜 오고 있다. 정면 5칸, 측면 4칸 규모로 조영됐으며, 팔작지붕을 사용하였다. 가구는 제주향교와 같이 2고주 7량가 구조를 사용하였다. 또 기단은 초벌대의 자연석 기단을 사용하여 낮게 구성하였는데, 특이하게도 대성전 바닥은 장마루판을 사용하고 있다.

〈그림 109〉 정의향교 대성전

〈그림 110〉 대성전 장마루　　　〈그림 111〉 대성전에 안치된 전패

한편 이 대성전 안에는 전패(殿牌)가 안치되어 있다. 대궐 즉 임금을 상징하는 이 전패는 본래 정의현 객사(客舍)에 안치되어 있었으나, 1912년 일제강점기 시기 일본 관헌에 의해 전패가 매안될 처지에 놓이자, 지역 유림들의 눈물겨운 희생으로 대성전에 안치하게 되었다. 1912년 태흥리(泰興里) 출신 유림이었던 김희은(金熙殷)이 쓴 '전패이안기(殿牌移安記)'에 따르면, 1910년 한일합병의 해에 정의군수 장규남(張圭南)이 정의현 객사와 전패를 훼철하려고 하자 향교와 향청의 여러 집강(執綱)들이 함께 반대하여 이루지지 못했다. 하지만 이듬 해(1911) 군수가 아전과 사령들을 다시 보내어 전패를 훼철하려 하자 재장(齋長) 오방렬(吳邦烈)[153] 등 유생들이 결사항거하여 막아내고, 다음 해에 정의향교 뒤편의 오흥태(吳興泰) 의사(義士) 묘당으로 전패를 옮겨 모셨다고 전해진다.

이 일로 인해 오방렬은 일본 순사들의 주재소로 쓰던 지금의 일관헌

153　철종 2년(1843) 신풍리에서 출생하였고 정의향교 재장을 역임하였다.

(日觀獻)으로 끌려가 모진 형벌을 받게 되는데, 그 형벌 후유증으로 인한 장독으로 병을 얻게 되었고 그해 5월에 사망하였다. 이후 전패는 당시 비어 있던 대성전으로 옮겨졌고 지금까지 이어지게 된 것이다. 이 전패가 지역민들에게 얼마나 엄격히 관리되었는지를 보여 주는 이야기가 있다. 순조 13년(1813) 이 전패에 손을 댄 사람이 있었는데, 이의식(李宜植) 목사가 범인을 잡은 뒤 대역죄인이라 하여 사형에 처한 것이다. 그 당시 민간에는 괴질(怪疾)에 걸린 사람이 전패에 손을 대거나 객사를 밤에 한 바퀴 돌면 낫는다는 미신이 있었다고 한다.[154] 이처럼 정세가 혼란스러웠던 조선 후기 세도 정치기(1800~1863)에는 민간에 여러 미신이 유행하기도 하였다.

한편 대성전은 부연을 사용한 겹처마로 구성하였고 팔작지붕 형태로 조성된 지붕에는 내림새와 막새가 사용되었다. 전면 평주 초석은 여러 단으로 구성된 층을 두었는데, 제주향교의 계성사 삼문과 유사한 방식을 차용한 것으로 보인다. 또 전면 창방과 툇보 내단 가공수법이 특이한데, 행공첨차 하단의 초각부만큼 창방을 따내어 가공한 후 기둥과 결구한 것이다. 조잡하지 않으면서도 매우 독특한 방식으로 미적요소를 가미하려한 것이다. 이런 기법은 전퇴 툇보에서도 나타난다. 툇보 내단을 고주의 보아지(甫兒只) 길이만큼 직절하여 따낸 후 툇보를 고주와 결구하였는데, 고주의 보아지 형태도 특이하지만, 툇보 춤을 2/3 정도 직절 형태로 따내어 보아지를 둔 것도 매우 독특한 기법이다.

또 공포는 이익공 양식을 사용하였는데, 살미와 첨차의 초각을 보면 매우 절제된 흔적을 보이면서도 섬세하게 초각하였다. 또 다른 측면에서 보면 앙증맞고 익살스러운 모습으로도 읽히기 때문에 특히 눈길이

---

154 吳文福, 前揭書, 2005, P.144.

가는 공포이다. 이런 형상을 한 공포는 우리나라 전시대에 걸쳐 찾아보기 힘든 양식일 뿐만 아니라 제주지역에서도 정의향교의 대성전에서만 나타나고 있다.

〈그림 112〉 정의향교 대성전 공포

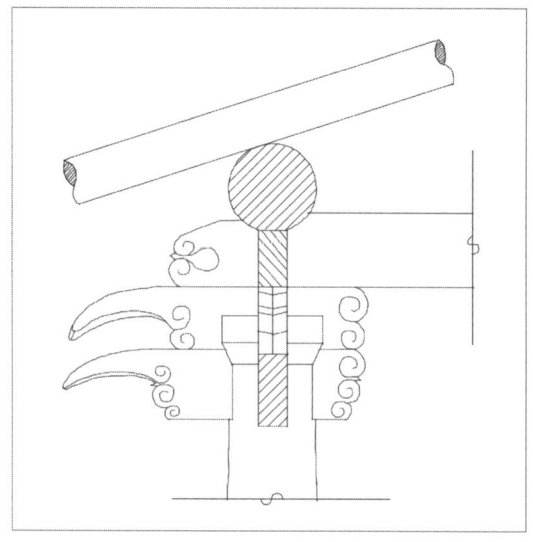

〈그림 113〉 대성전 공포 상세도

〈그림 114〉 대성전 창방

〈그림 115〉 대성전 툇보 내단

특히 주목되는 것은 대성전 퇴칸 별창방 뺄목 네 군데에는 용머리 형태의 동물 모양이 초각된 것이다. 전체적으로 절제되고 간소한 양식을 추구하는 유교전각에 용 문양 초각을 두었다는 것은 상당한 의미를 함축하고 있을 것으로 추측된다. 예컨대 사찰건축물이나 누각에는 이런 형태의 초각이 많이 사용되었으나, 예(禮)를 중시하는 대성전에 용머리 형태로 초각한 사례는 정의향교가 우리나라에서 유일할 것으로 추정된다. 예로부터 용(龍)은 중국의 『예기(禮記)』 예운편(禮運篇)에 등장하는 사령(四靈) 중 하나로서 봉황, 기린, 거북과 더불어 상서로운 동물을 상징한다. 특히 조선시대의 용문양은 임금과 하늘의 권위를 상징하는 것으로서 왕실 외에서는 함부로 사용하지 못하였기 때문에 현재 대성전에 안치되어 있는 전패(殿牌)와 이 문양이 서로 연관되어 의도되었을 가능성도 배제할 수 없다.

〈그림 116〉 대성전 별창방

〈그림 117〉 논산 쌍계사 대웅전 용머리 초각

단청은 제주의 다른 향교와 달리 굉장히 단출한 양식으로 조성하였는데, 기둥에는 석간주색으로만 가칠하였고, 보와 서까래. 화반, 문 등에는 뇌록색으로 가칠하였다. 또 살미와 첨차 화반의 옆면과 밑면은 석간주색으로 도채하였다.

2. 명륜당(明倫堂)

대성전과 마찬가지로 동향으로 좌향한 명륜당은 영조 14년(1738) 나억령(羅億齡) 현감에 의해 초창되었는데, 정의현성 북쪽 화원동으로 이건하였다가 1849년에 이곳으로 다시 옮기게 되어 지금에 이르고 있다. 명륜당은 정면 7칸, 측면 4칸 규모로 지었는데, 전면에는 퇴칸을 두었다. 지붕은 팔작지붕 형식과 홑처마 양식을 취하여 고졸한 분위기를 나타내고 있다. 기단은 현무암 초벌대으로 구성하였고 바닥은 크고 작은 방형의 현무암 박석을 깔아 자연스러운 형식을 보이고 있다. 그 위에는 거칠게 다듬은 장주형 초석을 놓고 원주를 세웠다. 또 정칸과 협칸에는 세살청판문을 달았고, 기둥과 문선 사이에는 중인방을 걸었는데 그 하단을 빈지판[155]으로 마감하였다. 주로 민가에 많이 쓰이는 빈지판은 벽 중간까지 설치되어 독특한 모습을 보이고 있는데, 제주의 다른 전통건축물들과 비교해 볼 때 상당히 높게 설치된 것이다. 그 정확한 의도는 알 수 없으나, 높게 설치된 석간주색의 빈지판이 향교의 엄숙함을 더욱 강조하는 듯하다.

가구는 2고주 7량가의 구조를 적용하였으며, 둥근 굴도리를 사용하였다. 고주와 고주사이에 대들보를 걸었고, 그 위에 동자주를 세워 종보를 걸었다. 다시 키대공을 놓아 종도리를 받치고 있는데, 일반적인 2고주 7량가의 구조라 할 수 있다. 또 민도리 양식의 간소한 공포를 사용하였고, 양 측면과 후면에는 현무암 허튼층쌓기로 화방벽을 조성하였다. 네 모퉁이에는 큰 돌을 조화롭게 쌓아 올려 구조적으로 단단하게 보강했는

---

155 벽 중간에 중방이라는 목재를 가로로 대어 그 밑쪽으로 판재(빈지널)를 붙인 판벽이다.

데, 이 기법은 향교뿐만 아니라 민가 돌담에서도 자주 사용된 것으로서 제주지역의 축담 기법을 잘 보여 주는 것이기도 하다.

〈그림 118〉 정의향교 명륜당

〈그림 119〉 명륜당 화방벽 모퉁이

〈그림 120〉 명륜당 빈지판

내·외부의 가구재와 창호 등에는 석간주색으로 도채하였는데, 회사벽과 어우러져 매우 경건한 느낌을 주고 있다.

3. 동재(東齋)와 서재(西齋)

　동재와 서재는 영조 14년(1738) 나억령 현감에 의해 명륜당과 같이 초창되었다. 이후 성 북쪽 화원동으로 이건되었다가 1849년(헌종 15)에 이곳으로 다시 옮겨지게 되었다. 하지만 광복기를 거치면서 재정이 열악해진 정의향교는 동재와 서재의 보수비용을 충당하지 못한 채 방치되다가 1951년경 철거되기에 이른다. 이때 철거된 기와가 대성전 보수에 사용되기도 하였다. 반세기가 지난 이후 발굴조사가 이루어지게 되었으며, 1996년 12월에 동재가 복원되었다. 이윽고 1998년 2월에는 서재도 복원되어 강학공간의 틀을 갖추게 되었다. 한편 복원 전 서재 터에는 '삼강(三綱)'이라 불리던 동백나무가 있었는데, 서재를 복원할 때 명륜당 앞마당에 이식하였지만 안타깝게도 얼마 지나지 않아 고사하고 말았다고 한다. 현재 '오륜(五倫)'이라 불리는 동백나무 두 그루가 명륜당 앞마당에 남아 있다.

　복원된 동재와 서재는 정면 5칸, 측면 3칸의 규모로 동일하다. 재미있는 건 전면 평주에만 원주와 장주형 초석을 사용했고 나머지 기둥은 네모난 방주를 사용하였다. 또 초벌대의 간소한 기단을 놓았고 전면 퇴칸과 측면, 후면에는 현무암 허튼층쌓기로 화방벽을 조성하였다. 공포는 민도리 형식을 사용하였고 팔작지붕 형식의 홑처마 양식을 적용하여 검소한 분위기를 자아내고 있다. 가구재와 서까래, 창호 등에는 석간주색으로 가칠단청하였다.

〈그림 121〉 정의향교 동재

〈그림 122〉 정의향교 서재

済州

V
소결

우리나라에서 유교는 오랫동안 국가제도와 관습뿐만 아니라 예속과 의례에 이르기까지 모든 분야에 걸쳐 영향을 끼쳐 왔다. 특히 제주지역에 조성된 3개 향교의 특징들을 자세히 살펴보면, 이 지역에 유배되었던 당대 지식인층과의 정서적 결합을 투영해 볼 만한 양식들이 많이 나타나고 있다. 특히 제주지역의 3개 향교 대성전은 모두 다른 지역에 비해 큰 규모로 조영되었다는 점이다. 다른 지역의 군현(郡縣)에 조성된 대성전은 대부분 3칸 규모로 조영된 것에 비하면 제주지역 향교는 정면 5칸을 사용하여 40평이 넘는 규모로 조성한 것이다. 우리나라에서 서울 문묘를 제외하고 나주향교와 상주향교 대성전 정도만 이 규모로 조성되었다는 점을 상기해 보면, 이 큰 규모로 조성된 배경에는 당시 유배인들의 정서가 주효하게 반영되었을 것이라는 추정이 충분히 가능하다. 사료에 근거한 논거는 아니지만, 당시 상당한 재목과 기와 등을 수급해야 하는 제주지역의 여력을 감안하면 이 규모로 조영된 3개 향교의 대성전은 절대 우연일 수 없다.

조선조 당쟁이 격화되던 시기에 변방인 제주도로 유배되었던 이들은 유학을 사상적 배경으로 한 권력자이자 지식인층이었다. 특히 고려 말 예문관 대제학(大提學) 출신으로서 "충신은 두 임금을 섬기지 않는다(忠臣不事二君)"며 절개를 지키다 유배된 한천(韓蕆)을 비롯하여, 조선 제15대 임금이었지만 인조반정(仁祖反正)으로 폐위된 광해군(光海君)까지 대부분 당대의 유력한 권력자들이었다. 때문에 이들이 구현하는 이념과 유학적 배경이 건축물 조영에도 배어 있다고 봄이 타당할 것이다. 고려 말 정의현에 유배된 한천은 원 간섭기(元干涉期)에 도입된 것으로 추정되는 다포계(多包係)의 화려한 건축양식이 꽃을 피우던 시기 인물이며, 17세기 중엽 제주목에 유배된 광해군(光海君)은 중립외교로 뛰어난 외교술을 보여주었을 뿐만 아니라 임진왜란(壬辰倭亂)으로 소실된 창덕궁(昌德宮)과 창경궁(昌慶宮), 경운궁(慶運宮, 지금의 덕수궁) 등의 궁궐을 복원하는 업적을 남긴 왕이다. 제주 유배지에서의 생활은 초연하였다고 하나, 그의 모든 활동이 폐쇄되었던 것은 아니다. 특히 광해군이 제주로 이배된 이후 부임한 심연(沈演) 목사는 정묘호란(1627년) 때 소실된 창덕궁 전각들을 보수하는 총괄책임자 도청(都廳)[156]이었으며, 이후 부임한 이시방(李時昉) 목사 역시 광해군에게 매우 헌신적이었다고 전해지고 있다.

제주지역의 향교 전각은 규모뿐만 아니라 세부기법에서도 독특한 지역적 특성을 보여 주고 있다. 제주향교와 대정향교 대성전에 적용된 첨주(添柱)는 우리나라에서 유래를 찾아볼 수 없는 만큼 매우 특이한 사례인데 소도시 향교에 적용된 기법으로서는 대단히 과감한 방식이다. 또 제주향교 대성전 첨주에는 고대 문양을 연상시키는 장식이 사용되고 있을 뿐만 아니라 측면 네 방향으로는 교두형 첨차와 유사한 부재를 사용하여 특이한 형태로 장식하고 있다. 이 또한 다른 지방에서 찾아볼 수 없는 특이하고 독특한 양식들이다. 부재의 수급이 원활치 않았고 도구 또한 제한적이었던 제주지방에서 이런 섬세한 기법과 장대한 규모를 추구할 수 있었던 데에는 당시 지방관의 범위를 훨씬 넘어서는 일이었기에 조력자 역할에 관심이 더 쏠릴 수밖에 없다.

조선 말 대정현에 유배된 추사 김정희도 대정향교를 찾아 많은 후학들을 양성했다. 더구나 다도(茶道)를 즐긴 것으로 알려진 추사는 대정

---

156 『漫浪集』 卷9, 「觀察使沈公墓碣銘」

향교와 멀지 않은 곳에 적거하였기 때문에 향교 서쪽의 세미물을 자주 찾았던 것으로 알려져 있다. 대정향교 명륜당은 우리나라에서 유일하게 우진각지붕을 가진 명륜당인데, 당시 추사가 적거했던 초가와 매우 닮아 있다. 더욱이 세한도에 그려진 소나무는 대정향교에 심어진 노송을 연상시키기도 하는데, 이 노송은 추사가 대정현에 유배되기 약 40년 전에 심어진 것으로 그가 대정향교를 찾을 때마다 심상에 새겼을 것이라는 추정과 무관하지 않다. 다른 얘기지만, 월광이 비치던 밤에 우연히 대정향교를 찾았던 필자는 보름달 아래 비친 향교와 주변 오름, 그리고 앞으로 펼쳐진 평야가 어우러진 비경을 영원히 잊지 못할 것 같다.

한편 정의향교 대성전 별창방에는 유교전각에서 볼 수 없는 용머리 형태의 조각상이 있다. 주로 궁궐 또는 사찰에서 사용된 문양이 유교전각에 사용되었다는 점은 매우 흥미롭고 놀라운 일이라 아니할 수 없다. 또 일제강점기 시기 정의현 객사에 안치되었던 전패가 매안(埋安)될 처지에 놓이자 정의향교 대성전 안으로 안치하게 되었는데 이 과정에서 지역 유림들의 희생이 매우 컸다. 이런 희생을 감수하면서까지 지키고자 했던 전패는 현재 대성전 안 공자 신위 우측을 지키고 있는데, 당시 정의현 유림들의 절개가 얼마나 강직하였는지를 보여 주는 상징이라 할 수 있다.

이렇듯 오랜 세월 동안 제주인들의 정서가 배어 있는 향교는 조선조에 조영된 원형들을 잘 간직하고 있는 몇 안 되는 제주지역의 문화유산이다. 뿐만 아니라 이 지역의 유배인과 지역문화가 어우러진 제주만의 많은 이야깃거리들을 발현해 내고 있다. 따라서 앞서 논급했듯이 제주지역 향교유산의 원형과 독특한 세부기법들을 온전히 보존하기 위해서는 향교에 적용된 다양한 기법들의 기원과 변인들을 찾아보고자 하는 다각적인 연구가 먼저 이루어져야 할 것이다.

부록

❖ **시·도별 향교 현황** (2020년 현재, 성균관 제외 234개소)

시·도별	향교명	주소
서울시 (2개소)	성균관(成均館)	서울시 종로구 명륜 3가 53번지
	양천향교(陽川鄕校)	서울시 강서구 가양동 234번지
부산시 (2개소)	동래향교(東萊鄕校)	부산시 동래구 명륜동 235번지
	기장향교(機張鄕校)	부산시 기장군 기장읍 교리 62번지
대구시 (3개소)	대구향교(大邱鄕校)	대구시 중구 중구 남산동 735-4번지
	칠곡향교(漆谷鄕校)	대구시 북구 읍내동 600번지
	현풍향교(玄風鄕校)	대구시 달성군 현풍면 상리 326-1번지
인천시 (4개소)	인천향교(仁川鄕校)	인천시 미추홀구 문학동 349-2번지
	부평향교(富平鄕校)	인천시 계양구 계산동 982-1번지
	강화향교(江華鄕校)	강화군 강화읍 관청리 938-2번지
	교동향교(喬桐鄕校)	강화군 교동면 읍내리 148번지
광주시 (1개소)	광주향교(光州鄕校)	광주시 남구 구동 22-3번지
대전시 (2개소)	회덕향교(懷德鄕校)	대전시 대덕구 읍내동 134번지
	진잠향교(鎭岑鄕校)	대전시 유성구 교촌동 630-1번지
울산시 (2개소)	울산향교(蔚山鄕校)	울산시 중구 교동 171-1번지
	언양향교(彦陽鄕校)	울산시 울주군 삼남면 교동리 1086번지
경기도 (25개소)	수원향교(水原鄕校)	수원시 팔달구 교동 43번지
	고양향교(高陽鄕校)	고양시 덕양구 고양동 306번지
	과천향교(果川鄕校)	과천시 중앙동 81번지
	김포향교(金浦鄕校)	김포시 북변동 370-2번지
	통진향교(通津鄕校)	김포시 월곶면 군하리 220번지
	남양향교(南陽鄕校)	화성시 남양읍 남양리 335번지
	파주향교(坡州鄕校)	파주시 파주읍 파주리 335번지
	교하향교(交河鄕校)	파주시 금촌동 1013번지
	양주향교(楊州鄕校)	양주시 유양동 266번지
	포천향교(抱川鄕校)	포천시 군내면 구읍리 176번지
	가평향교(加平鄕校)	가평군 가평읍 읍내리 551-2번지
	양근향교(楊根鄕校)	양평군 옥천면 옥천리 817-1번지
	지평향교(砥平鄕校)	양평군 지평면 지평리 343번지
	여주향교(驪州鄕校)	여주시 교동 261-1번지

시·도별	향교명	주소
경기도 (25개소)	이천향교(利川鄕校)	이천시 창전동 407-19번지
	광주향교(廣州鄕校)	하남시 교산동 227-3번지
	용인향교(龍仁鄕校)	용인시 기흥구 언남동 335번지
	양지향교(陽智鄕校)	용인시 처인구 양지면 양지리 379번지
	안성향교(安城鄕校)	안성시 명륜동 118번지
	죽산향교(竹山鄕校)	안성시 죽산면 죽산리 314번지
	양성향교(陽城鄕校)	안성시 양성면 동항리 114번지
	평택향교(平澤鄕校)	평택시 팽성읍 객사리 185번지
	진위향교(振威鄕校)	평택시 진위면 봉남리 167번지
	연천향교(漣川鄕校)	연천군 연천읍 차탄리 245
	적성향교(積城鄕校)	파주시 적성면 구읍리 476-1번지
강원도 (16개소)	춘천향교(春川鄕校)	춘천시 교동 27-1번지
	홍천향교(洪川鄕校)	홍천군 홍천읍 희망리 174번지
	횡성향교(橫城鄕校)	횡성군 횡성읍 읍상리 128번지
	원주향교(原州鄕校)	원주시 명륜동 255번지
	평창향교(平昌鄕校)	평창군 평창읍 하리 204번지
	영월향교(寧越鄕校)	영월군 영월읍 영흥리 892번지
	정선향교(旌善鄕校)	정선군 정선읍 봉양2리 385번지
	강릉향교(江陵鄕校)	강릉시 교동 233번지
	삼척향교(三陟鄕校)	삼척시 교동 566번지
	양양향교(襄陽鄕校)	양양군 양양읍 임천리 297번지
	간성향교(杆城鄕校)	고성군 간성읍 교동리 664번지
	인제향교(麟蹄鄕校)	인제군 인제읍 상동리 28-2번지
	양구향교(楊口鄕校)	양구군 양구읍 상리 322번지
	철원향교(鐵原鄕校)	철원군 철원읍 화지리 284번지
	화천향교(華川鄕校)	화천군 화천읍 하리 108번지
	동해향교(東海鄕校)	동해시 부곡동 254-1번지
충청북도 (18개소)	청주향교(淸州鄕校)	청주시 상당구 대성동 55-1번지
	문의향교(文義鄕校)	청원군 문의면 미천리 220-1번지
	보은향교(報恩鄕校)	보은군 보은읍 교사리 283번지
	회인향교(懷仁鄕校)	보은군 회인면 부수리 405-1번지

시·도별	향교명	주소
충청북도 (18개소)	옥천향교(沃川鄕校)	옥천군 옥천읍 교동리 320번지
	청산향교(靑山鄕校)	옥천군 청산면 교평리 267번지
	영동향교(永同鄕校)	영동군 영동읍 부용리 372번지
	황간향교(黃澗鄕校)	영동군 황간면 남성리 150-1번지
	진천향교(鎭川鄕校)	진천군 진천읍 교성리 416번지
	음성향교(陰城鄕校)	음성군 음성읍 읍내리 156-1번지
	괴산향교(槐山鄕校)	괴산군 괴산읍 서부리 104번지
	연풍향교(延豊鄕校)	괴산군 연풍면 행촌리 590번지
	청안향교(淸安鄕校)	괴산군 청안면 읍내리 278번지
	충주향교(忠州鄕校)	충주시 교현동 196-4번지
	제천향교(堤川鄕校)	제천시 교동 86번지
	청풍향교(淸風鄕校)	제천시 청풍면 물태리 산6-21번지
	단양향교(丹陽鄕校)	단양군 단성면 상방리 137-1번지
	영춘향교(永春鄕校)	단양군 영춘면 상리 461번지
충청남도 (34개소)	공주향교(公州鄕校)	공주시 교동 211번지
	노성향교(魯城鄕校)	논산시 노성면 교촌리 308번지
	연산향교(連山鄕校)	논산시 연산면 관동리 437번지
	은진향교(恩津鄕校)	논산시 은진면 교천리 19번지
	부여향교(扶餘鄕校)	부여군 부여읍 동남리 445-1번지
	임천향교(林川鄕校)	부여군 임천면 군사리 213번지
	석성향교(石城鄕校)	부여군 석성면 석정리 646-2번지
	홍산향교(鴻山鄕校)	부여군 홍산면 교원리 233번지
	서천향교(舒川鄕校)	서천군 서천읍 군사리 315번지
	한산향교(韓山鄕校)	서천군 한산면 지현리 389번지
	비인향교(庇仁鄕校)	서천군 비인면 성내리 169번지
	보령향교(保寧鄕校)	보령시 주포면 보령리 47-1번지
	남포향교(藍浦鄕校)	보령시 남포면 옥동리 9번지
	오천향교(鰲川鄕校)	보령시 오천면 교성리 523-2번지
	청양향교(靑陽鄕校)	청양군 청양읍 교월리 34-1번지
	정산향교(定山鄕校)	청양군 정산면 서정리 516-2번지
	홍주향교(洪州鄕校)	홍성군 홍성읍 대교리 239-1번지

시·도별	향교명	주소
충청남도 (34개소)	결성향교(結城鄕校)	홍성군 결성면 읍내리 586번지
	예산향교(禮山鄕校)	예산군 예산읍 향천리 132-1번지
	대흥향교(大興鄕校)	예산군 대흥면 교촌리 538번지
	덕산향교(德山鄕校)	예산군 덕산면 사동리 121번지
	서산향교(瑞山鄕校)	서산시 동문동 580번지
	해미향교(海美鄕校)	서산시 해미면 오학리 226번지
	태안향교(泰安鄕校)	태안군 태안읍 동문리 725번지
	당진향교(唐津鄕校)	당진시 읍내동 215-1번지
	면천향교(沔川鄕校)	당진군 면천면 성상리 513번지
	아산향교(牙山鄕校)	아산시 영인면 아산리 643번지
	온양향교(溫陽鄕校)	아산시 읍내동 209번지
	신창향교(新昌鄕校)	아산시 신창면 읍내리 320-3번지
	천안향교(天安鄕校)	천안시 유량동 190-2번지
	직산향교(稷山鄕校)	천안시 직산읍 군서리 164-1번지
	목천향교(木川鄕校)	천안시 목천읍 교촌리 129번지
	금산향교(錦山鄕校)	금산군 금산읍 상리 4번지
	진산향교(珍山鄕校)	금산군 진산면 교촌리 355번지
세종시 (2개소)	연기향교(燕岐鄕校)	세종시 연기면 연기리 34번지
	전의향교(全義鄕校)	세종시 전의면 읍내리 149-1번지
전라북도 (26개소)	전주향교(全州鄕校)	전주시 완산구 교동 26-3번지
	고산향교(高山鄕校)	완주군 고산면 읍내리 143번지
	진안향교(鎭安鄕校)	진안군 진안읍 군상리 527-1번지
	용담향교(龍潭鄕校)	진안군 동향면 능금리 2202번지
	무주향교(茂朱鄕校)	무주군 무주읍 읍내리 264-1번지
	장수향교(長水鄕校)	장수군 장수읍 장수리 254-1번지
	임실향교(任實鄕校)	임실군 임실읍 이도리 212번지
	남원향교(南原鄕校)	남원시 향교동 512번지
	운봉향교(雲峰鄕校)	남원시 운봉읍 산덕리 600-1번지
	순창향교(淳昌鄕校)	순창군 순창읍 교성리 134-1번지
	정읍향교(井邑鄕校)	정읍시 태인면 태성리 182-1번지
	고부향교(古阜鄕校)	정읍시 고부면 고부리 166번지

시·도별	향교명	주소
전라북도 (26개소)	태인향교(泰仁鄕校)	정읍시 태인면 태성리 182-1번지
	고창향교(高敞鄕校)	고창군 고창읍 교촌리 248-1번지
	무장향교(茂長鄕校)	고창군 무장면 교흥리 109-1번지
	흥덕향교(興德鄕校)	고창군 흥덕면 교운리 206번지
	부안향교(扶安鄕校)	부안군 부안읍 서외리 255번지
	김제향교(金堤鄕校)	김제시 교동 39번지
	금구향교(金溝鄕校)	김제시 금구면 금구리 509번지
	만경향교(萬頃鄕校)	김제시 만경읍 만경리 183-1번지
	옥구향교(沃溝鄕校)	군산시 옥구읍 상평리 626번지
	임피향교(臨陂鄕校)	군산시 임피면 읍내리 538번지
	익산향교(益山鄕校)	익산시 금마면 동고도리 389-3번지
	함열향교(咸悅鄕校)	익산시 함라면 함열리 579번지
	용안향교(龍安鄕校)	익산시 용안면 교동리 163-1번지
	여산향교(礪山鄕校)	익산시 여산면 여산리 101-1번지
전라남도 (28개소)	나주향교(羅州鄕校)	나주시 교동 32-3번동
	남평향교(南平鄕校)	나주시 남평면 교원리 161-1번지
	순천향교(順天鄕校)	순천시 금곡동 182번지
	낙안향교(樂安鄕校)	순천시 낙안면 교촌리 222번지
	여수향교(麗水鄕校)	여수시 군자동 165번지
	돌산향교(突山鄕校)	여수시 돌산읍 군내리 203번지
	해남향교(海南鄕校)	해남군 해남읍 수성리 105번지
	무안향교(務安鄕校)	무안군 무안읍 교촌리 260-1번지
	지도향교(智島鄕校)	신안군 지도읍 읍내리 112번지
	담양향교(潭陽鄕校)	담양군 담양읍 향교리 323번지
	창평향교(昌平鄕校)	담양군 고서면 교산리 138번지
	화순향교(和順鄕校)	화순군 화순읍 교리 293번지
	능주향교(綾州鄕校)	화순군 능주면 남정리 328번지
	동복향교(同福鄕校)	화순군 동북면 연월리 846번지
	영광향교(靈光鄕校)	영광군 영광읍 교촌리 393번지
	곡성향교(谷城鄕校)	곡성군 곡성읍 교촌리 194번지
	옥과향교(玉果鄕校)	곡성군 옥과면 옥과리 15-1번지

시·도별	향교명	주소
전라남도 (28개소)	광양향교(光陽鄕校)	광양시 광양읍 우산리 509번지
	보성향교(寶城鄕校)	보성군 보성읍 보성리 126번지
	영암향교(靈巖鄕校)	영암군 영암읍 교동리 352-2번지
	강진향교(康津鄕校)	강진군 강진읍 동성리 691-1번지
	함평향교(咸平鄕校)	함평군 대동면 향교리 590번지
	고흥향교(高興鄕校)	고흥군 고흥읍 행정리 149번지
	장흥향교(長興鄕校)	장흥군 장흥읍 교촌리 4번지
	장성향교(長城鄕校)	장성군 장성읍 성산리 110번지
	진도향교(珍島鄕校)	진도군 진도읍 교동리 275번지
	완도향교(莞島鄕校)	완도군 완도읍 죽청리 860-1번지
	구례향교(求禮鄕校)	구례군 구례읍 봉서리 1473번지
경상북도 (40개소)	군위향교(軍威鄕校)	군위군 군위읍 동부리 629번지
	의흥향교(義興鄕校)	군위군 의흥면 읍내리 217번지
	의성향교(義城鄕校)	의성군 의성읍 도동리 810번지
	비안향교(比安鄕校)	의성군 안계면 교촌리 285번지
	안동향교(安東鄕校)	안동시 송천동 1210번지
	예안향교(禮安鄕校)	안동시 도산면 서부리 204-1번지
	영양향교(英陽鄕校)	영양군 일월면 도계리 128번지
	청송향교(靑松鄕校)	청송군 청송읍 월막리 251-3번지
	진보향교(眞寶鄕校)	청송군 진보면 광덕리 221-1번지
	영덕향교(盈德鄕校)	영덕군 영덕읍 화개리 160번지
	영해향교(寧海鄕校)	영덕군 영해면 성내리 24-1번지
	연일향교(延日鄕校)	포항시 남구 효자동 407번지
	청하향교(淸河鄕校)	포항시 북구 청하면 덕성리 190번지
	홍해향교(興海鄕校)	포항시 북구 흥해읍 옥성리 132번지
	장기향교(長鬐鄕校)	포항시 남구 장기면 읍내리 202번지
	경주향교(慶州鄕校)	경주시 교동 17-1번지
	영천향교(永川鄕校)	영천시 교촌동 46-1번지
	신녕향교(新寧鄕校)	영천시 신녕면 화성리 525번지
	경산향교(慶山鄕校)	경산시 중방동 760번지
	하양향교(河陽鄕校)	경산시 하양읍 교리 158번지

시·도별	향교명	주소
경상북도 (40개소)	자인향교(慈仁鄕校)	경산시 자인면 교촌리 230번지
	청도향교(淸道鄕校)	청도군 화양읍 교촌리 48번지
	고령향교(高靈鄕校)	고령군 대가야읍 연조리 600번지
	성주향교(星州鄕校)	성주군 성주읍 예산리 131번지
	인동향교(仁同鄕校)	구미시 임수동 409-3번지
	선산향교(善山鄕校)	구미시 선산읍 교리 838번지
	김산향교(金山鄕校)	김천시 교동 437번지
	개령향교(開寧鄕校)	김천시 개령면 동부리 408번지
	지례향교(知禮鄕校)	김천시 지례면 교리 740번지
	상주향교(尙州鄕校)	상주시 신봉동 203-1번지
	함창향교(咸昌鄕校)	상주시 함창읍 교촌리 304-1번지
	문경향교(聞慶鄕校)	문경시 문경읍 교촌리 322번지
	예천향교(醴泉鄕校)	예천군 예천읍 백전리 199-1번지
	용궁향교(龍宮鄕校)	예천군 용궁면 향석리 266번지
	영주향교(榮州鄕校)	영주시 하망동 167번지
	풍기향교(豊基鄕校)	영주시 풍기읍 교촌리 147-1번지
	순흥향교(順興鄕校)	영주시 순흥면 청구리 437번지
	봉화향교(奉化鄕校)	봉화군 봉화면 봉성리 267번지
	울진향교(蔚珍鄕校)	울진군 울진읍 읍내리 653-1번지
	평해향교(平海鄕校)	울진군 평해읍 평해리 901번지
경상남도 (27개소)	진주향교(晉州鄕校)	진주시 옥봉동 232-1번지
	의령향교(宜寧鄕校)	의령군 의령읍 서동리 393번지
	함안향교(咸安鄕校)	함안군 함안면 봉성리 1319-2번지
	칠원향교(漆原鄕校)	함안군 칠원면 용산리 299번지
	창녕향교(昌寧鄕校)	창녕군 창녕읍 교리 440번지
	영산향교(靈山鄕校)	창녕군 영산면 교리 51번지
	밀양향교(密陽鄕校)	밀양시 교동 733번지
	양산향교(梁山鄕校)	양산시 교동 198-2번지
	김해향교(金海鄕校)	김해시 대성동 224번지
	창원향교(昌原鄕校)	창원시 소답동 433-2번지
	통영향교(統營鄕校)	통영시 광도면 죽림리 945-2번지
	거제향교(巨濟鄕校)	거제시 거제면 서정리 626번지

시·도별	향교명	주소
경상남도 (27개소)	고성향교(固城鄕校)	고성군 고성읍 교사리 270-1번지
	사천향교(泗川鄕校)	사천시 사천읍 선인리 119번지
	곤양향교(昆陽鄕校)	사천시 곤양면 송전리 355번지
	남해향교(南海鄕校)	남해군 남해읍 북변리 598-6번지
	하동향교(河東鄕校)	하동군 하동읍 읍내리 1069번지
	산청향교(山淸鄕校)	산청군 산청읍 지리 369-1번지
	단성향교(丹城鄕校)	산청군 단성면 강누리 595-1번지
	함양향교(咸陽鄕校)	함양군 함양읍 교산리 794번지
	안의향교(安義鄕校)	함양군 안의면 교북리 148번지
	거창향교(居昌鄕校)	거창군 거창읍 가지리 318-4번지
	합천향교(陜川鄕校)	합천군 야로면 구정리 409번지
	삼가향교(三嘉鄕校)	합천군 삼가면 소오리 342번지
	초계향교(草溪鄕校)	합천군 초계면 초계리 산 7
	강양향교(江陽鄕校)	합천군 합천읍 합천리 690-2번지
	마산향교(馬山鄕校)	마산합포구 진동면 교동리 549-6번지
제주도 (3개소)	제주향교(濟州鄕校)	제주시 용담 1동 298-1번지
	대정향교(大靜鄕校)	서귀포시 안덕면 사계리 3126-1번지
	정의향교(旌義鄕校)	서귀포시 표선면 성읍리 820-1번지

❖ **조선 후기 읍지에 기록된 향교 직임 및 인원** (괄호 안 인원수)

향교명	직임 및 인원	향교명	직임 및 인원
밀양	도유사(1), 장의(2), 재유사(2)	해남	장의(1), 유사(2)
언양	도유사(1), 장의(1)	연기	동재도유사(1), 장의(2), 서재유사(1), 유사(2)
울산	재장(1), 장의(2), 유사(1)	아주	도유사(1), 동재장의(2), 색장(1), 서재장의(2), 유사(1)
의령	도유사(1), 장의(2)	평주	도유사(1), 동재장의(2), 색장(2), 서재장의(2), 유사(1)
초계	도유사(1), 장의(2), 강장(2), 유사(1)	공주	장의(2), 유사(2)
창령	교임(3)	직산	도유사(1), 장의(2)
하동	장의(2), 재임(2)	강화	도유사(1)
기장	도유사(1), 별임(1)	교동	재수, 교장(1), 도유사(1), 장의(2), 색장(2)
김해	도유사(1), 장의(2), 재유사(1)	제주	훈장(1), 장의(2), 유사(4)
합천	도유사(1), 재임(2)	대정	훈장(1), 장의(2), 유사(4)
태인	장의(1), 색장(2)	정의	훈장(1), 장의(2), 유사(2)
옥계	재장(1), 장의(2), 색장(2), 전임(1)	신계	동재교장(1), 장의(2), 색장(2), 서재당장(1), 장의(2), 색장(2)
화순	장의(2), 유사(1)	옹진	훈장(1), 동재유사(2), 장의(2), 서재당장(1), 장의(2), 색장(2)
구례	장의(1), 색장(2)	황천	동재재장(1), 장의(1), 별유사(1)
고창	장의(1), 색장(2)	삭주	훈장(1), 장의(1), 유사(2), 섬학유사(1)
광주	장의(2), 색장(2)	은산	재장(1), 훈장(1), 장의(1), 동서재유사(2)
나주	교임(6)	구성	재장(1), 훈장(1), 장의(1), 섬학유사(1)
김제	장의(1), 재임(2), 유사(1)	중화	재장(1), 당장(2), 장의(2)
옥청	도유사(1), 장의(1), 색장(2)	강서	훈장(1), 재장(1), 동재장의(1), 자학유사(1), 섬학유사(1), 서재당장(1), 서재장의(1)
정읍	장의(1), 유사(2)	양덕	도훈장(1), 장의(1), 섬학유사(1), 경학유사(1), 부장의(1)

향교명	직임 및 인원	향교명	직임 및 인원
창평	재수(1), 장의(2), 색장(2)	의주	교장(1), 훈장(1), 동재수장의(1), 서재수장의, 동서재부장의(2), 전곡장의(1), 제기유사(1), 서책유사(1), 재중유사(1), 별유사(1)
임실	장의(2), 유사(2)	영변	도유사(1), 훈장(1), 장의(2), 섬학유사(1), 연계유사(1)
전주	재장(1), 장의(2), 유사(2)	후창	교수(1), 재장(1), 장의(2), 유사(2)
여산	장의(1), 유사(2)	초산	재장(1), 훈장(1), 영고유사(1), 섬학유사(1), 과자장의(1), 동재장의(1)
용안	장의(1), 유사(1)	정천	훈장(1), 도유사(1), 동재장의(2), 서재장의(1), 유사(1)
흥덕	장의(1), 유사(2)	곽산	훈장(1), 재장(1), 도유사(1), 동재장의(1), 섬학유사(1), 당장(1), 서재장의(1), 학고장의(1)
부안	재장(1), 장의(1), 유사(2)	용천	훈장(1), 수장의(1), 동재장의(2), 용마유사(1), 섬학유사(1)
고부	장의(2), 유사(2)	박천	훈장(1), 재장(1), 장의(1), 학유사(1)
순창	교장(1), 장의(2), 색장(2), 전곡(2)	회양	동재도유사(1), 장의(2), 서재당장(1), 유사(2)
운성	도유사(1), 전유사(1)	고성	도유사(1), 장의(1), 색장(1)
영암	도유사(1), 장의(1), 색장(2)	선천	훈장(1), 재장(1), 장의(1), 부장의(1), 서재당장(1), 학고유사(1), 별고유사(1)
개천	도유사(1), 재장(1), 훈장(1), 청금장의(1), 섬학유사(1), 동서재장의(2)	창성	재장(1), 훈장(1), 장의(2) (유림1, 섬학1) 유사(4) (유림1, 섬학1, 서재2)

❖ 조선시대 제주목사 일람

연번	관직	이름	부임년월	이임년월
1	만호겸 목사	여의손 (呂義孫)	태조 02년(1393) 계유 12월	태조 04년(1395) 을해 04월
2	〃	이침 (李忱)	태조 04년(1395) 을해 04월	태조 06년(1397) 정축 04월
3	목사겸 첨절제사	김천신 (金天伸)	태조 06년(1397) 정축 04월	정종 01년(1399) 기묘 07월
4	〃	김사민 (金思敏)	정종 01년(1399) 기묘 08월	태종 01년(1401) 신사 10월
5	도안무사겸 판목사	박덕공 (朴德公)	태종 01년(1401) 신사 10월	태종 03년(1403) 계미 12월
6	〃	이원항 (李原恒)	태종 04년(1404) 갑신 04월	태종 06년(1406) 병술 09월
7	〃	조원 (趙源)	태종 06년(1406) 병술 09월	태종 09년(1409) 기축 윤4월
8	안무사겸 목사	정초 (鄭初)	태종 09년(1409) 기축 윤4월	태종 10년(1410) 경인 01월
9	도안무사겸 판목사	김정준 (金廷雋)	태종 10년(1410) 경인 01월	태종 12년(1412) 임진 04월
10	〃	윤임 (尹臨)	태종 12년(1412) 임진 04월	태종 14년(1414) 갑오 08월
11	〃	오식 (吳湜)	태종 14년(1414) 갑오 윤9월	태종 17년(1417) 정유 04월
12	〃	이간 (李暕)	태종 17년(1417) 정유 04월	세종 01년(1419) 기해 06월
13	〃	정을현 (鄭乙賢)	세종 01년(1419) 기해 06월	세종 02년(1420) 경자 04월
14	〃	이신 (李伸)	세종 02년(1420) 경자 05월	동년 11월
15	〃	정간 (鄭幹)	세종 02년(1420) 경자 11월	세종 05년(1423) 계묘 01월
16	〃	김소 (金素)	세종 05년(1423) 계묘 03월	세종 07년(1425) 을사 03월
17	안무사겸 목사	조희정 (趙希鼎)	세종 07년(1425) 을사 05월	세종 08년(1426) 병오 09월

연번	관직	이름	부임년월	이임년월
18	〃	장우량 (張友良)	세종 09년(1427) 정미 01월	세종 11년(1429) 기유 04월
19	〃	김흡 (金洽)	세종 11년(1429) 기유 04월	세종 13년(1431) 신해 09월
20	〃	김인 (金裀)	세종 13년(1431) 신해 09월	세종 16년(1434) 갑인 03월
21	〃	이붕 (李鵬)	세종 16년(1434) 갑인 03월	동년 8월
22	도안무사겸 판목사	최해산 (崔海山)	세종 16년(1434) 갑인 10월	세종 19년(1437) 정사 02월
23	안무사겸 목사	한승순 (韓承舜)	세종 19년(1437) 정사 02월	세종 21년(1439) 기미 2월
24	〃	정간 (丁艮)	세종 21년(1439) 기미 04월	세종 23년(1441) 신유 10월
25	〃	신처강 (辛處康)	세종 23년(1441) 신유 10월	세종 25년(1443) 계해 12월
26	〃	기건 (奇虔)	세종 25년(1443) 계해 12월	세종 27년(1445) 을축 12월
27	〃	이흥문 (李興門)	세종 28년(1446) 병인 02월	세종 29년(1447) 정묘 04월
28	〃	신숙청 (辛淑晴)	세종 29년(1447) 정묘 06월	세종 31년(1449) 기사 07월
29	〃	이명겸 (李鳴謙)	세종 31년(1449) 기사 10월	문종 01년(1451) 신미 09월
30	〃	홍익성 (洪益誠)	문종 01년(1451) 신미 11월	단종 01년(1453) 계유 11월
31	〃	최수평 (崔守平)	단종 02년(1454) 갑술 05월	세조 02년(1456) 병자 04월
32	〃	장맹창 (張孟昌)	세조 02년(1456) 병자 04월	동년 7월
33	〃	설효조 (薛孝祖)	세조 02년(1456) 병자 08월	세조 05년(1459) 기묘 01월
34	〃	원지어 (元志於)	세조 05년(1459) 기묘 03월	세조 07년(1461) 신사 01월
35	〃	최경례 (崔景禮)	세조 07년(1461) 신사 02월	세조 08년(1462) 임오 07월

연번	관직	이름	부임년월	이임년월
36	안무사겸 목사	복승리 (卜承利)	세조 08년(1462) 임오 09월	세조 11년(1465) 을유 02월
37	〃	문여량 (文汝良)	세조 11년(1465) 을유 02월	세조 12년(1466) 병술 윤3월
38	병마수군 절제사	이유의 (李由義)	세조 12년(1466) 병술 윤3월	예종 01년(1469) 기축 02월
39	목사	김호인 (金好仁)	예종 01년(1469) 기축 02월	성종 01년(1470) 경인 10월
40	〃	이약동 (李約東)	성종 01년(1470) 경인 10월	성종 04년(1473) 계사 08월
41	〃	이장손 (李長孫)	성종 04년(1473) 계사 08월	성종 07년(1476) 병신 06월
42	〃	정형 (鄭亨)	성종 07년(1476) 병신 06월	성종 09년(1478) 무술 08월
43	〃	양찬 (梁瓚)	성종 09년(1478) 무술 10월	성종 12년(1481) 신축 07월
44	〃	최전 (崔湔)	성종 12년(1481) 신축 07월	성종 15년(1484) 갑진01월
45	〃	이거인 (李居仁)	성종 15년(1484) 갑진 04월	성종 17년(1486) 병오 07월
46	〃	이수생 (李壽生)	성종 17년(1486) 병오 10월	성종 18년(1487) 정미 07월
47	〃	허희 (許熙)	성종 18년(1487) 정미 10월	성종 21년(1490) 경술 05월
48	〃	이종윤 (李從允)	성종 21년(1490) 경술 08월	성종 25년(1494) 갑인 12월
49	〃	정인운 (鄭仁耘)	연산 01년(1495) 을묘 04월	연산 03년(1497) 정사 10월
50	〃	민휘 (閔暉)	연산 04년(1498) 무오 02월	연산 06년(1500) 경신 08월
51	〃	남궁찬 (南宮璨)	연산 06년(1500) 경신 11월	연산 09년(1503) 계해 07월
52	〃	김률 (金硉)	연산 09년(1503) 계해 08월	연산 10년(1504) 갑자 11월
53	〃	육한 (陸閑)	연산 11년(1505) 을축 04월	중종 01년(1506) 병인 10월

연번	관직	이름	부임년월	이임년월
54	목사	방유영 (方有寧)	중종 02년(1507) 정묘 01월	중종 04년(1509) 기사 07월
55	〃	이전 (李琠)	중종 04년(1509) 기사 09월	중종 05년(1510) 경오 06월
56	〃	장림 (張琳)	중종 05년(1510) 경오 06월	동년 12월
57	〃	김석철 (金錫哲)	중종 06년(1511) 신미 01월	중종 08년(1513) 계유 06월
58	〃	성수재 (成秀才)	중종 08년(1513) 계유 09월	중종 10년(1515) 을해 03월
59	〃	정건 (鄭健)	중종 10년(1515) 을해 05월	중종 12년(1517) 정축 09월
60	〃	문계창 (文繼昌)	중종 12년(1517) 윤 12월	중종 13년(1518) 무인 04월
61	〃	이윤번 (李允蕃)	중종 13년(1518) 무인 04월	중종 15년(1520) 경진 08월
62	〃	이운 (李耘)	중종 15년(1520) 경진 09월	중종 18년(1523) 계미 03월
63	〃	김흠조 (金欽祖)	중종 18년(1523) 계미 윤4월	중종 21년(1526) 병술 04월
64	〃	이수동 (李壽童)	중종 21년(1526) 병술 04월	중종 23년(1528) 무자 12월
65	〃	송인수 (宋仁粹)	중종 23년(1528) 무자 12월	중종 26년(1531) 신묘 06월
66	〃	이희옹 (李希雍)	중종 26년(1531) 신묘 07월	중종 29년(1534) 갑오 03월
67	〃	송인수 (宋麟壽)	중종 29년(1534) 갑오 03월	동년 6월
68	〃	심연원 (沈連源)	중종 29년(1534) 갑오 09월	중종 32년(1537) 정유 06월
69	〃	김수성 (金遂性)	중종 32년(1537) 정유 06월	중종 33년(1538) 무술 03월
70	〃	권진 (權軫)	중종 33년(1538) 무술 03월	중종 35년(1540) 경자 08월
71	〃	조사수 (趙士秀)	중종 35년(1540) 경자 11월	중종 36년(1541) 신축 03월

연번	관직	이름	부임년월	이임년월
72	목사	윤중형 (尹仲衡)	중종 36년(1541) 신축 03월	중종 37년(1542) 임인 11월
73	〃	김윤종 (金胤宗)	중종 38년(1543) 계묘 03월	인종 01년(1545) 을사 11월
74	〃	임형수 (林亨秀)	인종 01년(1545) 을사 11월	명종 01년(1546) 병오 10월
75	〃	김숙 (金淑)	명종 01년(1546) 병오 10월	명종 04년(1549) 기유 05월
76	〃	한흡 (韓洽)	명종 04년(1549) 기유 05월	명종 05년(1550) 경술 07월
77	〃	김충렬 (金忠烈)	명종 05년(1550) 경술 07월	명종 07년(1552) 임자 05월
78	〃	남치근 (南致勤)	명종 07년(1552) 임자 06월	명종 10년(1555) 을묘 02월
79	〃	김수문 (金秀文)	명종 10년(1555) 을묘 3월	명종 12년(1557) 정사 10월
80	〃	민응서 (閔應瑞)	명종 12년(1557) 정사 10월	명종 13년(1558) 무오 10월
81	〃	이영 (李榮)	명종 13년(1558) 무오 10월	명종 15년(1560) 경신 10월
82	〃	오성 (吳誠)	명종 16년(1561) 신유 01월	명종 17년(1562) 임술 10월
83	〃	김우서 (金禹瑞)	명종 17년(1562) 임술 10월	명종 20년(1565) 을축 09월
84	〃	이선원 (李善源)	명종 20년(1565) 을축 09월	동년 10월
85	〃	변협 (邊協)	명종 20년(1565) 을축 11월	동년 12월
86	〃	곽흘 (郭屹)	명종 20년(1565) 을축 12월	선조 01년(1568) 무진 06월
87	〃	이전 (李戩)	선조 01년(1568) 무진 07월	선조 04년(1571) 신미 01월
88	〃	소흡 (蘇潝)	선조 04년(1571) 신미 03월	선조 06년(1573) 계유 06월
89	〃	강려 (姜侶)	선조 06년(1573) 계유 06월	선조 07년(1574) 갑술 10월

연번	관직	이름	부임년월	이임년월
90	목사	송중기 (宋重器)	선조 07년(1574) 갑술 12월	선조 10년(1577) 정축 08월
91	〃	임진 (林晉)	선조 10년(1577) 정축 08월	선조 12년(1579) 기묘 10월
92	〃	신각 (申恪)	선조 12년(1579) 기묘 11월	선조 14년(1581) 신사 02월
93	〃	김태정 (金泰廷)	선조 14년(1581) 신사 03월	선조 15년(1582) 임오 08월
94	〃	최여림 (崔汝霖)	선조 15년(1582) 임오 09월	선조 16년(1583) 계미 09월
95	〃	김응남 (金應南)	선조 16년(1583) 계미 10월	선조 18년(1585) 을유 04월
96	〃	임응룡 (任應龍)	선조 18년(1585) 을유 04월	선조 19년(1586) 병술 08월
97	〃	양사영 (梁思瑩)	선조 19년(1586) 병술 11월	선조 22년(1589) 기축 10월
98	〃	이옥 (李沃)	선조 22년(1589) 기축 10월	선조 25년(1592) 임진 03월
99	〃	양대수 (楊大樹)	선조 25년(1592) 임진 03월	동년 6월
100	〃	이경록 (李慶祿)	선조 25년(1592) 임진 09월	선조 32년(1599) 기해 01월
101	〃	성윤문 (成允文)	선조 32년(1599) 기해 03월	선조 34년(1601) 신축 06월
102	〃	조경 (趙儆)	선조 34년(1601) 신축 08월	선조 35년(1602) 임인 07월
103	〃	김명윤 (金命胤)	선조 35년(1602) 임인 07월	선조 37년(1604) 갑진 08월
104	〃	이영 (李英)	선조 37년(1604) 갑진 10월	선조 40년(1607) 정미 07월
105	〃	이응해 (李應邂)	선조 40년(1607) 정미 07월	선조 41년(1608) 무신 06월
106	〃	변양걸 (邊良傑)	선조 41년(1608) 무신 06월	광해 02년(1610) 경술 02월
107	〃	이기빈 (李箕賓)	광해 02년(1610) 경술 02월	광해 03년(1611) 신해 09월

연번	관직	이름	부임년월	이임년월
108	목사	이현 (李玹)	광해 03년(1611) 신해 09월	광해 05년(1613) 계축 02월
109	〃	현즙 (玄楫)	광해 05년(1613) 계축 02월	광해 08년(1616) 병진 04월
110	〃	이괄 (李适)	광해 08년(1616) 병진 05월	광해 11년(1619) 기미 02월
111	〃	홍걸 (洪傑)	광해 11년(1619) 기미 02월	동년 5월
112	〃	양호 (梁濩)	광해 11년(1619) 기미 10월	광해 14년(1622) 임술 10월
113	목사겸 방어사	유순무 (柳舜懋)	광해 14년(1622) 임술 11월	인조 01년(1623) 계해 08월
114	목사	민기 (閔璣)	인조 01년(1623) 계해 08월	인조 02년(1624) 갑자 06월
115	〃	성안의 (成安義)	인조 02년(1624) 갑자 06월	인조 05년(1627) 정묘 04월
116	〃	박명부 (朴命榑)	인조 05년(1627) 정묘 04월	인조 07년(1629) 기사 06월
117	〃	이진경 (李眞卿)	인조 07년(1629) 기사 06월	인조 10년(1632) 임신 02월
118	〃	이곽 (李廓)	인조 10년(1632) 임신 03월	인조 12년(1634) 갑술 08월
119	〃	신경호 (申景琥)	인조 12년(1634) 갑술 09월	인조 15년(1637) 정축 05월
120	〃	성하종 (成夏宗)	인조 15년(1637) 정축 05월	인조 16년(1638) 무인 06월
121	절제사겸 방어사	심연 (沈演)	인조 16년(1638) 무인 06월	인조 18년(1640) 경진 09월
122	목사겸 방어사	이시방 (李時昉)	인조 18년(1640) 경진 09월	인조 20년(1642) 임오 08월
123	절제사	원숙 (元翻)	인조 20년(1642) 임오 08월	인조 23년(1645) 을유 04월
124	목사	유정익 (柳廷益)	인조 23년(1645) 을유 04월	인조 25년(1647) 정해 05월
125	〃	김여수 (金汝水)	인조 25년(1647) 정해 05월	인조 27년(1649) 기축 09월

연번	관직	이름	부임년월	이임년월
126	〃	김수익 (金壽翼)	인조 27년(1649) 기축 09월	효종 02년(1651) 신묘 07월
127	절제사	이원진 (李元鎭)	효종 02년(1651) 신묘 07월	효종 04년(1653) 계사 10월
128	〃	소동도 (蘇東道)	효종 04년(1653) 계사 10월	효종 06년(1655) 을미 09월
129	〃	구의준 (具義俊)	효종 06년(1655) 을미 09월	효종 09년(1658) 무술 04월
130	〃	이회 (李檜)	효종 09년(1658) 무술 04월	현종 01년(1660) 경자 05월
131	〃	이지형 (李枝馨)	현종 01년(1660) 경자 05월	현종 03년(1662) 임인 08월
132	〃	이익한 (李翊漢)	현종 03년(1662) 임인 08월	현종 04년(1663) 계묘 03월
133	〃	이중신 (李重信)	현종 04년(1663) 계묘 03월	현종 06년(1665) 을사 1월
134	〃	홍우량 (洪宇亮)	현종 06년(1665) 을사 11월	현종 08년(1667) 정미 05월
135	〃	이인 (李塡)	현종 08년(1667) 정미 06월	현종 10년(1669) 기유 09월
136	〃	노정 (盧錠)	현종 10년(1669) 기유 09월	현종 13년(1672) 임자 05월
137	〃	윤계 (尹堦)	현종 13년(1672) 임자 05월	동년 10월
138	〃	김흥운 (金興運)	현종 13년(1672) 임자 10월	숙종 01년(1675) 을묘 06월
139	〃	소두산 (蘇斗山)	숙종 01년(1675) 을묘 06월	숙종 02년(1676) 병진 02월
140	〃	윤창형 (尹昌亨)	숙종 02년(1676) 병진 02월	숙종 04년(1678) 무오 08월
141	〃	최관 (崔寬)	숙종 04년(1678) 무오 08월	숙종 06년(1680) 경신 05월
142	〃	원상 (元相)	숙종 06년(1680) 경신 05월	동년 8월
143	〃	임홍망 (任弘望)	숙종 06년(1680) 경신 08월	숙종 07년(1681) 신유 12월

연번	관직	이름	부임년월	이임년월
144	절제사	신경윤 (愼景尹)	숙종 07년(1681) 신유 12월	숙종 10년(1684) 갑자 04월
145	〃	김세귀 (金世龜)	숙종 10년(1684) 갑자04월	숙종 11년(1685) 을축 01월
146	〃	강세귀 (姜世龜)	숙종 11년(1685) 을축04월	동년 10월
147	〃	이상전 (李尙馣)	숙종 11년(1685) 을축 10월	숙종 14년(1688) 무진 04월
148	〃	이희룡 (李喜龍)	숙종 14년(1688) 무진04월	숙종 15년(1689) 기사 05월
149	〃	이우항 (李宇恒)	숙종 15년(1689) 기사05월	숙종 17년(1691) 신미 12월
150	〃	윤정화 (尹鼎和)	숙종 18년(1692) 임신01월	숙종 19년(1693) 계유 04월
151	〃	이기하 (李基夏)	숙종 19년(1693) 계유04월	숙종 20년(1694) 갑술 07월
152	〃	이익태 (李益泰)	숙종 20년(1694) 갑술07월	숙종 22년(1696) 병자 09월
153	〃	유한명 (柳漢明)	숙종 22년(1696) 병자 10월	숙종 25년(1699) 기묘 05월
154	〃	남지훈 (南至薰)	숙종 25년(1699) 기묘 05월	숙종 27년(1701) 신사 09월
155	〃	박성석 (朴星錫)	숙종 27년(1701) 신사 09월	숙종 28년(1702) 임오 06월
156	〃	이형상 (李衡祥)	숙종 28년(1702) 임오 06월	숙종 29년(1703) 계미 06월
157	〃	이희태 (李喜泰)	숙종 29년(1703) 계미 06월	숙종 30년(1704) 갑신 10월
158	〃	송정규 (宋廷奎)	숙종 30년(1704) 갑신 10월	숙종 32년(1706) 병술 09월
159	〃	이규성 (李奎成)	숙종 32년(1706) 병술 09월	숙종 35년(1709) 기축 05월
160	〃	최계옹 (崔啓翁)	숙종 35년(1709) 기축 05월	숙종 36년(1710) 경인 12월
161	〃	백시구 (白時耉)	숙종 36년(1710) 경인 12월	숙종 37년(1711) 신묘 05월

연번	관직	이름	부임년월	이임년월
162	겸절제사	이익한 (李翊漢)	숙종 37년(1711) 신묘 05월	숙종 39년(1713) 계사 07월
163	절제사겸 방어사	변시태 (邊是泰)	숙종 39년(1713) 계사 07월	숙종 42년(1716) 병신 03월
164	〃	홍중주 (洪重周)	숙종 42년(1716) 병신 03월	숙종 43년(1717) 정유 09월
165	〃	정석빈 (鄭碩賓)	숙종 43년(1717) 정유 09월	숙종 45년(1719) 기해 06월
166	〃	정동후 (鄭東後)	숙종 45년(1719) 기해 06월	숙종 46년(1720) 경자 07월
167	〃	민제장 (閔濟章)	숙종 46년(1720) 경자 07월	경종 01년(1721) 신축 08월
168	〃	정사효 (鄭思孝)	경종 01년(1721) 신축 08월	경종 02년(1722) 임인 04월
169	〃	최완 (崔烷)	경종 02년(1722) 임인 04월	경종 03년(1723) 계묘 05월
170	〃	신유익 (愼惟益)	경종 03년(1723) 계묘 08월	영조 01년(1725) 을사 06월
171	〃	한범석 (韓範錫)	영조 01년(1725) 을사 06월	영조 03년(1727) 정미 10월
172	〃	정계장 (鄭啓章)	영조 03년(1727) 정미 10월	영조 05년(1729) 기유 06월
173	〃	이수신 (李守身)	영조 05년(1729) 기유 10월	영조 07년(1731) 신해 09월
174	〃	정필녕 (鄭必寧)	영조 07년(1731) 신해 09월	영조 09년(1733) 계축 08월
175	겸방어사	정도원 (鄭道元)	영조 09년(1733) 계축 08월	영조 10년(1734) 갑인 09월
176	〃	김정 (金政)	영조 11년(1735) 을묘 04월	영조 13년(1737) 정사 09월
177	〃	이희하 (李希夏)	영조 13년(1737) 정사 09월	영조 14년(1738) 무오 10월
178	〃	홍중징 (洪重徵)	영조 14년(1738) 무오 10월	영조 15년(1739) 기미 09월
179	〃	조동점 (趙東漸)	영조 15년(1739) 기미 09월	영조 16년(1740) 경신 09월

연번	관직	이름	부임년월	이임년월
180	겸방어사	안경운(安慶運)	영조 16년(1740) 경신 09월	영조 19년(1743) 계해 03월
181	〃	김윤(金潤)	영조 19년(1743) 계해 03월	영조 20년(1744) 갑자 09월
182	〃	윤식(尹植)	영조 20년(1744) 갑자 09월	영조 21년(1745) 을축 09월
183	〃	류징구(柳徵龜)	영조 21년(1745) 을축 09월	영조 22년(1746) 병인 03월
184	〃	한억증(韓億增)	영조 22년(1746) 병인 03월	영조 23년(1747) 정묘 11월
185	〃	박태신(朴泰新)	영조 23년(1747) 정묘 11월	영조 25년(1749) 기사 10월
186	〃	정언유(鄭彦儒)	영조 25년(1749) 기사 10월	영조 27년(1751) 신미 08월
187	〃	윤구연(尹九淵)	영조 27년(1751) 신미 08월	영조 28년(1752) 임신 12월
188	〃	김몽규(金夢烓)	영조 28년(1752) 임신 12월	영조 30년(1754) 갑술 10월
189	〃	홍태두(洪泰斗)	영조 30년(1754) 갑술 10월	영조 32년(1756) 병자 윤9월
190	〃	이윤성(李潤成)	영조 32년(1756) 병자 윤9월	영조 33년(1757) 정축 10월
191	〃	조위진(趙威鎭)	영조 33년(1757) 정축 11월	영조 35년(1759) 기묘 05월
192	〃	허류(許塿)	영조 35년(1759) 기묘 05월	영조 36년(1760) 경진 07월
193	〃	이창운(李昌運)	영조 36년(1760) 경진 07월	영조 37년(1761) 신사 07월
194	〃	신광익(申光翼)	영조 37년(1761) 신사 07월	영조 39년(1763) 계미 05월
195	〃	이달(李鏽)	영조 39년(1763) 계미 05월	동년 7월
196	〃	이명운(李明運)	영조 39년(1763) 계미 07월	영조 41년(1765) 을유 06월
197	〃	유진하(柳鎭夏)	영조 41년(1765) 을유 06월	동년 8월

연번	관직	이름	부임년월	이임년월
198	겸방어사	윤시동 (尹蓍東)	영조 41년(1765) 을유 08월	영조 42년(1766) 병술 06월
199	〃	안표 (安杓)	영조 42년(1766) 병술 06월	영조 43년(1767) 정해 02월
200	〃	남익상 (南益祥)	영조 43년(1767) 정해 02월	영조 45년(1769) 기축 07월
201	〃	안종규 (安宗奎)	영조 45년(1769) 기축 07월	영조 47년(1771) 신묘 01월
202	〃	양세현 (梁世絢)	영조 47년(1771) 신묘 01월	영조 49년(1773) 계사 03월
203	〃	박성협 (朴聖浹)	영조 49년(1773) 계사 03월	영조 50년(1774) 갑오 05월
204	〃	신경준 (申景濬)	영조 50년(1774) 갑오 07월	영조 51년(1775) 을미 02월
205	〃	유혁 (柳爀)	영조 51년(1775) 을미 02월	정조 01년(1777) 정유 03월
206	〃	황최언 (黃最彦)	정조 01년(1777) 정유 03월	정조 02년(1778) 무술 12월
207	〃	김영수 (金永綏)	정조 02년(1778) 무술 12월	정조 05년(1781) 신축 03월
208	〃	김시구 (金蓍耉)	정조 05년(1781) 신축 03월	동년 7월
209	〃	이양정 (李養鼎)	정조 05년(1781) 신축 07월	정조 06년(1782) 임인 01월
210	〃	이문혁 (李文爀)	정조 06년(1782) 임인 01월	정조 07년(1783) 계묘 04월
211	〃	엄사만 (嚴思晚)	정조 07년(1783) 계묘 06월	정조 9년(1785) 을사 5월
212	〃	윤득규 (尹得逵)	정조 09년(1785) 을사 05월	정조 10년(1786) 병오 4월
213	〃	이명준 (李命俊)	정조 10년(1786) 병오 04월	정조 12년(1788) 무신 3월
214	〃	홍인묵 (洪仁默)	정조 12년(1788) 무신 03월	동년 10월
215	〃	이철모 (李喆模)	정조 12년(1788) 무신 10월	정조 14년(1790) 경술 07월

연번	관직	이름	부임년월	이임년월
216	겸방어사	이홍운 (李鴻運)	정조 14년(1790) 경술 07월	정조 15년(1791) 신해 08월
217	〃	이운빈 (李運彬)	정조 15년(1791) 신해 08월	정조 16년(1792) 임자 03월
218	〃	이철운 (李喆運)	정조 16년(1792) 임자 03월	정조 17년(1793) 계축 12월
219	〃	심낙수 (沈樂洙)	정조 17년(1793) 계축 12월	정조 18년(1794) 갑인 10월
220	〃	이우현 (李禹鉉)	정조 18년(1794) 갑인 10월	정조 20년(1796) 병진 04월
221	〃	유사모 (柳師模)	정조 20년(1796) 병진 04월	정조 21년(1797) 정사 06월
222	〃	조명즙 (曹命楫)	정조 21년(1797) 정사 06월	정조 23년(1799) 기미 07월
223	〃	임시철 (林蓍喆)	정조 23년(1799) 기미 07월	동년 12월
224	〃	정관휘 (鄭觀輝)	정조 23년(1799) 기미 12월	순조 02년(1802) 임술 03월
225	〃	이연필 (李延弼)	순조 02년(1802) 임술 03월	순조 03년(1803) 계해 07월
226	〃	유경 (柳耕)	순조 03년(1803) 계해 09월	순조 04년(1804) 갑자 09월
227	〃	박종주 (朴宗柱)	순조 04년(1804) 갑자 09월	순조 07년(1807) 정묘 03월
228	〃	한정운 (韓鼎運)	순조 07년(1807) 정묘 03월	순조 09년(1809) 기사 01월
229	〃	이현택 (李顯宅)	순조 09년(1809) 기사 01월	순조 11년(1811) 신미 06월
230	〃	조정철 (趙貞喆)	순조 11년(1811) 신미 06월	순조 12년(1812) 임신 06월
231	〃	김수기 (金守基)	순조 12년(1812) 임신 06월	순조 14년(1814) 갑술 04월
232	〃	허명 (許溟)	순조 14년(1814) 갑술 04월	순조 15년(1815) 을해 05월
233	〃	윤구동 (尹久東)	순조 15년(1815) 을해 05월	순조 17년(1817) 정축 10월

연번	관직	이름	부임년월	이임년월
234	겸방어사	조의진 (趙義鎭)	순조 17년(1817) 정축 10월	순조 20년(1820) 경진 03월
235	〃	한상묵 (韓象默)	순조 20년(1820) 경진 03월	동년 12월
236	〃	백영진 (白泳鎭)	순조 21년(1821) 신사 01월	동년 10월
237	〃	이원팔 (李元八)	순조 22년(1822) 임오 01월	순조 24년(1824) 갑신 01월
238	〃	임성고 (任聖皐)	순조 24년(1824) 갑신 01월	순조 26년(1826) 병술 06월
239	〃	심영석 (沈英錫)	순조 26년(1826) 병술 06월	순조 27년(1827) 정해 08월
240	〃	이행교 (李行敎)	순조 27년(1827) 정해 08월	순조 30년(1830) 경인 03월
241	〃	이예연 (李禮延)	순조 30년(1830) 경인 03월	순조 32년(1832) 임진 02월
242	〃	한응호 (韓應浩)	순조 32년(1832) 임진 02월	순조 34년(1834) 갑오 07월
243	〃	박장복 (朴長復)	순조 34년(1834) 갑오 07월	헌종 02년(1836) 병신 03월
244	〃	조우석 (趙禹錫)	헌종 02년(1836) 병신 03월	헌종 03년(1837) 정유 11월
245	〃	이원달 (李源達)	헌종 03년(1837) 정유 11월	헌종 05년(1839) 기해 03월
246	〃	구재룡 (具載龍)	헌종 05년(1839) 기해 03월	헌종 07년(1841) 신축 윤3월
247	〃	이원조 (李源祚)	헌종 07년(1841) 신축 윤3월	헌종 09년(1843) 계묘 06월
248	〃	이용현 (李容鉉)	헌종 09년(1843) 계묘 06월	헌종 10년(1844) 갑진 08월
249	〃	권직 (權溭)	헌종 10년(1844) 갑진 12월	헌종 12년(1846) 병오 02월
250	〃	이의식 (李宜植)	헌종 12년(1846) 병오 02월	헌종 14년(1848) 무신 03월
251	〃	장인식(張寅植)	헌종 14년(1848) 무신 03월	철종 01년(1850) 경술 06월

연번	관직	이름	부임년월	이임년월
252	겸방어사	이현공 (李玄功)	철종 01년(1850) 경술 06월	철종 02년(1851) 신해 07월
253	〃	백희수 (白希洙)	철종 02년(1851) 신해 07월	철종 04년(1853) 계축 12월
254	〃	목인배 (睦仁培)	철종 04년(1853) 계축 12월	철종 06년(1855) 을묘 08월
255	〃	채동건 (蔡東健)	철종 06년(1855) 을묘 08월	철종 08년(1857) 정사 06월
256	〃	임백능 (任百能)	철종 08년(1857) 정사 06월	철종 09년(1858) 무오 12월
257	〃	정우현 (鄭愚鉉)	철종 09년(1858) 무오 12월	철종 11년(1860) 경신 윤3월
258	〃	강면규 (姜冕奎)	철종 11년(1860) 경신 윤3월	철종 12년(1861) 신유 02월
259	〃	신종익 (申從翼)	철종 12년(1861) 신유 02월	철종 13년(1862) 임술 02월
260	〃	임헌대 (任憲大)	철종 13년(1862) 임술 02월	철종 14년(1863) 계해 01월
261	〃	정기원 (鄭岐源)	철종 14년(1863) 계해 01월	고종 01년(1864) 갑자 03월
262	〃	양헌수 (梁憲洙)	고종 01년(1864) 갑자 03월	고종 03년(1866) 병인 08월
263	〃	이후선 (李後善)	고종 03년(1866) 병인 08월	고종 05년(1868) 무진 10월
264	〃	조희순 (趙羲純)	고종 05년(1868) 무진 10월	고종 09년(1872) 임신 05월
265	〃	이복희 (李宓熙)	고종 09년(1872) 임신 05월	고종 11년(1874) 갑술 07월
266	〃	이희충 (李熙忠)	고종 11년(1874) 갑술 07월	고종 14년(1877) 정축 01월
267	〃	백낙연 (白樂淵)	고종 14년(1877) 정축 01월	고종 18년(1881) 신사 05월
268	〃	박선양 (朴善陽)	고종 18년(1881) 신사 05월	고종 20년(1883) 계미 05월
269	〃	심현택 (沈賢澤)	고종 20년(1883) 계미 05월	고종 21년(1884) 갑신 12월

연번	관직	이름	부임년월	이임년월
270	겸방어사	홍규 (洪圭)	고종 21년(1884) 갑신 12월	고종 23년(1886) 병술 05월
271	〃	심원택 (沈遠澤)	고종 23년(1886) 병술 05월	고종 25년(1888) 무자 07월
272	〃	송구호 (宋龜浩)	고종 25년(1888) 무자 07월	고종 27년(1890) 경인 04월
273	〃	조균하 (趙均夏)	고종 27년(1890) 경인 04월	고종 28년(1891) 신묘 08월
274	〃	정용기 (鄭龍基)	고종 28년(1891) 신묘 08월	동년 9월
275	찰리사겸 방어사	이규원 (李奎遠)	고종 28년(1891) 신묘 09월	고종 31년(1894) 갑오 09월
276	〃	이봉헌 (李鳳憲)	고종 31년(1894) 갑오 09월	고종 32년(1895) 을미 08월
277	관찰사 겸판사	오경림 (吳慶林)	고종 32년(1895) 을미 08월	건양 01년(1896) 병신 04월
278	목사겸판사	이병휘 (李秉輝)	건양 01년(1896) 병신 04월	광무 02년(1898) 무술 03월
279	찰리사목사겸 판사	박용원 (朴用元)	광무 02년(1898) 무술 03월	광무 03년(1899) 기해 10월
280	목사겸판사	이상규 (李庠珪)	광무 03년(1899) 기해 10월	광무 05년(1901) 신축 01월
281	〃	이재호 (李在護)	광무 05년(1901) 신축 04월	광무 06년(1902) 임인 06월
282	〃	윤석인 (尹錫仁)	광무 06년(1902) 임인 08월	동년 10월
283	〃	홍종우 (洪鍾宇)	광무 07년(1903) 계묘 01월	광무 09년(1905) 을사04월
284	〃	조종환 (趙鍾桓)	광무 09년(1905) 을사 05월	광무 10년(1906) 병오06월
285	제주군수	윤원구 (尹元求)	광무 10년(1906) 08월	융희 2년(1908) 12월
286	〃	서병업 (徐丙業)	융희 04년(1910) 10월	1914년 3월

❖ 조선시대 대정현감 일람

연번	관직	이름	부임년월	이임년월
1	현감	유신(俞信)	태종 16년(1416) 병신 9월	미상
2	〃	이신(李伸)	세종 8년(1426) 병오	미상
3	〃	강순(康純)	세종 25년(1443) 계해	미상
4	〃	이성손(李誠孫)	성종 9년(1478) 무술 7월	미상
5	〃	정사서(鄭嗣瑞)	미상	미상
6	〃	김석철(金錫哲)	미상	미상
7	〃	박기손(朴麒孫)	중종 25년(1530) 경인 9월	중종 27년(1532) 임진 1월
8	〃	최맹호(崔孟浩)	중종 27년(1532) 임진 5월	중종 30년(1535) 을미 1월
9	〃	방진(方震)	중종 30년(1535) 을미 1월	중종 32년(1537) 정유 11월
10	〃	정운(鄭雲)	중종 32년(1537) 정유 11월	중종 33년(1538) 무술 12월
11	〃	선중륜(宣重倫)	중종 34년(1539) 기해 4월	중종 36년(1541) 신축 12월
12	〃	김중련(金仲鍊)	중종 36년(1541) 신축 12월	중종 39년(1544) 갑진 8월
13	〃	윤사상(尹思商)	중종 39년(1544) 갑진 8월	명종 2년(1547) 정미 4월
14	〃	배규(裵奎)	명종 2년(1547) 정미 4월	명종 4년(1549) 기유 12월
15	〃	윤웅(尹雄)	명종 4년(1549) 기유 12월	명종 5년(1550) 경술 12월
16	〃	이흔(李昕)	명종 5년(1550) 경술 12월	명종 8년(1553) 계축 12월
17	〃	공사검(孔士儉)	명종 8년(1553) 계축 12월	명종 11년(1556) 병진 8월

연번	관직	이름	부임년월	이임년월
18	현감	강여 (姜侶)	명종 11년(1556) 병진 8월	명종 14년(1559) 기미 4월
19	〃	조승 (曺琡)	명종 14년(1559) 기미 4월	명종 15년(1560) 경신 8월
20	〃	이운 (李雲)	명종 15년(1560) 경신 8월	명종 16년(1561) 신유 4월
21	〃	이희복 (李希福)	명종 16년(1561) 신유 6월	명종 18년(1563) 계해 12월
22	〃	정양우 (鄭良祐)	명종 19년(1564) 갑자 1월	명종 21년(1566) 병인 10월
23	〃	손추 (孫樞)	명종 21년(1566) 병인 10월	선조 2년(1569) 기사 3월
24	〃	윤운 (尹雲)	선조 2년(1569) 기사 6월	선조 4년(1571) 신미 11월
25	〃	박응상 (朴應祥)	선조 5년(1572) 임신 2월	선조 5년(1572) 임신 3월
26	〃	김응복 (金應福)	선조 5년(1572) 임신 5월	선조 7년(1574) 갑술 12월
27	〃	조용 (趙瑢)	선조 8년(1575) 을해 1월	선조 9년(1576) 병자 10월
28	〃	임기문 (林起文)	선조 10년(1577) 정축 2월	선조 12년(1579) 기묘 9월
29	〃	원응두 (元應斗)	선조 12년(1579) 기묘 9월	선조 14년(1581) 신사 6월
30	〃	남산수 (南山壽)	선조 14년(1581) 신사 9월	선조 15년(1582) 임오 7월
31	〃	최사공 (崔士恭)	선조 15년(1582) 임오 10월	선조 16년(1583) 계미 7월
32	〃	오응창 (吳應昌)	선조 16년(1583) 계미 10월	선조 19년(1586) 병술 3월
33	〃	남응선 (南應善)	선조 19년(1586) 병술 4월	선조 21년(1588) 무자 10월
34	〃	최천보 (崔天寶)	선조 21년(1588) 무자 10월	선조 24년(1591) 신묘 6월
35	〃	이정립 (李廷立)	선조 24년(1591) 신묘 6월	선조 27년(1594) 갑오 7월

연번	관직	이름	부임년월	이임년월
36	현감	김호제 (金好悌)	선조 27년(1594) 갑오 7월	선조 31년(1598) 무술 8월
37	〃	최위지 (崔緯地)	선조 31년(1598) 무술 9월	선조 33년(1600) 경자 12월
38	〃	이신 (李愼)	선조 34년(1601) 신축 1월	선조 36년(1603) 계묘 7월
39	〃	이괄 (李适)	선조 36년(1603) 계묘 11월	선조 39년(1606) 병오 4월
40	〃	이서룡 (李瑞龍)	선조 39년(1606) 병오 7월	선조 39년(1606) 병오 9월
41	〃	류시건 (柳時健)	선조 39년(1606) 병오 11월	광해 1년(1609) 기유 5월
42	〃	양수진 (楊秀津)	광해 1년(1609) 기유 6월	광해 3년(1611) 신해 10월
43	〃	박종호 (朴宗豪)	광해 3년(1611) 신해 10월	광해 4년(1612) 임자 5월
44	〃	한계함 (韓繼咸)	광해 4년(1612) 임자 7월	광해 5년(1613) 계축 8월
45	〃	김정원 (金廷元)	광해 5년(1613) 계축 12월	광해 8년(1616) 병진 8월
46	〃	성하종 (成夏宗)	광해 8년(1616) 병진 8월	광해 11년(1619) 기미 6월
47	〃	윤언서 (尹彦恕)	광해 11년(1619) 기미 6월	광해 12년(1620) 경신 3월
48	〃	임응안 (任應顔)	광해 12년(1620) 경신 5월	광해 13년(1621) 신유 12월
49	〃	이익 (李益)	광해 14년(1622) 임술 6월	인조 원년(1623) 계해 5월
50	〃	이양문 (李揚門)	인조 원년(1623) 계해 5월	인조 3년(1626) 병인 2월
51	〃	김철명 (金喆鳴)	인조 3년(1626) 병인 2월	인조 5년(1628) 무진 9월
52	〃	이상 (李祥)	인조 5년(1628) 무진 9월	인조 6년(1629) 기사 7월
53	〃	이구 (李球)	인조 6년(1629) 기사 8월	인조 8년(1631) 신미 11월

연번	관직	이름	부임년월	이임년월
54	현감	장준 (張準)	인조 11년(1634) 갑술 8월	인조 14년(1637) 정축 4월
55	〃	윤탁 (尹托)	인조 11년(1634) 갑술 8월	인조 14년(1637) 정축 4월
56	〃	김영망 (金英望)	인조 14년(1637) 정축 4월	인조 16년(1639) 기묘 11월
57	〃	송대유 (宋大裕)	인조 16년(1639) 기묘 11월	인조 17년(1640) 경진 6월
58	〃	이엽 (李曄)	인조 17년(1640) 경진 9월	인조 20년(1643) 계미 2월
59	〃	안익룡 (安翼龍)	인조 20년(1643) 계미 2월	인조 22년(1645) 을유 11월
60	〃	오영발 (吳穎發)	인조 22년(1645) 을유 11월	인조 25년(1648) 무자 4월
61	〃	박승충 (朴承忠)	인조 25년(1648) 무자 4월	효종 1년(1650) 경인 11월
62	〃	조정황 (趙廷璜)	효종 1년(1650) 경인 11월	효종 4년(1653) 계사 5월
63	〃	권극중 (權克中)	효종 4년(1653) 계사 6월	효종 6년(1655) 을미 9월
64	〃	이예남 (李禮男)	효종 6년(1655) 을미 9월	효종 8년(1657) 정유 11월
65	〃	이시빈 (李時彬)	효종 8년(1657) 정유 11월	효종 8년(1657) 정유 12월
66	〃	이상직 (李尙稷)	효종 9년(1658) 무술 2월	현종 1년(1660) 경자 2월
67	〃	류정 (柳頲)	현종 1년(1660) 경자 6월	현종 4년(1663) 계묘 1월
68	〃	곽성구 (郭聖衢)	현종 4년(1663) 계묘 1월	현종 6년(1665) 을사 8월
69	〃	이이시 (李以時)	현종 6년(1665) 을사 8월	현종 8년(1667) 정미 4월
70	〃	안숙 (安塾)	현종 8년(1667) 정미 4월	현종 8년(1667) 정미 7월
71	〃	조문혁 (趙門赫)	현종 8년(1667) 정미 7월	현종 11년(1670) 경술 6월

연번	관직	이름	부임년월	이임년월
72	현감	정태주 (鄭台周)	현종 11년(1670) 경술 6월	현종 12년(1671) 신해 6월
73	〃	진재창 (陳再昌)	현종 12년(1671) 신해 6월	현종 15년(1674) 갑인 5월
74	〃	신택 (申澤)	현종 15년(1674) 갑인 5월	숙종 3년(1677) 정사 1월
75	〃	이승래 (李升來)	숙종 3년(1677) 정사 1월	숙종 5년(1679) 기미 8월
76	〃	이당 (李簹)	숙종 5년(1679) 기미 8월	숙종 7년(1681) 신유 10월
77	〃	정창회 (鄭昌會)	숙종 7년(1681) 신유 10월	숙종 9년(1683) 계해 12월
78	〃	김세량 (金世亮)	숙종 10년(1684) 갑자 4월	숙종 12년(1686) 병인 9월
79	〃	류성년 (柳星年)	숙종 12년(1686) 병인 9월	숙종 15년(1689) 기사 3월
80	〃	장후재 (張後載)	숙종 15년(1689) 기사 3월	숙종 17년(1691) 신미 10월
81	〃	이익민 (李益敏)	숙종 17년(1691) 신미 10월	숙종 20년(1694) 갑술 5월
82	〃	반처렴 (潘處濂)	숙종 20년(1694) 갑술 5월	숙종 21년(1695) 을해 3월
83	〃	김경 (金磬)	숙종 21년(1695) 을해 4월	숙종 23년(1697) 정축 10월
84	〃	이만재 (李萬材)	숙종 23년(1697) 정축 11월	숙종 26년(1700) 경진 5월
85	〃	황순 (黃錞)	숙종 26년(1700) 경진 5월	숙종 28년(1702) 임오 2월
86	〃	최동제 (崔東濟)	숙종 28년(1702) 임오 5월	숙종 30년(1704) 갑신 3월
87	〃	김홍서 (金弘瑞)	숙종 30년(1704) 갑신 3월	숙종 31년(1705) 을유 3월
88	〃	김순신 (金舜臣)	숙종 31년(1705) 을유 7월	숙종 34년(1708) 무자 8월
89	〃	이격 (李激)	숙종 34년(1708) 무자 8월	숙종 37년(1711) 신묘 3월

연번	관직	이름	부임년월	이임년월
90	현감	권윤(權倫)	숙종 37년(1711) 신묘 3월	숙종 39년(1713) 계사 9월
91	〃	이현징(李顯徵)	숙종 39년(1713) 계사 9월	숙종 40년(1714) 갑오 8월
92	〃	김희윤(金熙潤)	숙종 40년(1714) 갑오 8월	숙종 42년(1716) 병신 5월
93	〃	박이문(朴以文)	숙종 42년(1716) 병신 8월	숙종 45년(1719) 기해 3월
94	〃	김세화(金世華)	숙종 45년(1719) 기해 3월	경종 1년(1721) 신축 8월
95	〃	남수현(南壽賢)	경종 1년(1721) 신축 8월	경종 2년(1722) 임인 6월
96	〃	강속(姜㴋)	경종 2년(1722) 임인 11월	영조 1년(1725) 을사 7월
97	〃	정운형(鄭運亨)	영조 1년(1725) 을사 8월	영조 3년(1727) 정미 11월
98	〃	최준제(崔俊濟)	영조 3년(1727) 정미 11월	영조 6년(1730) 경술 4월
99	〃	이경훈(李景勳)	영조 6년(1730) 경술 4월	영조 8년(1732) 임자 12월
100	〃	박세필(朴世弼)	영조 8년(1732) 임자 12월	영조 10년(1734) 갑인 7월
101	〃	김진옥(金振玉)	영조 10년(1734) 갑인 8월	영조 11년(1735) 을묘 7월
102	〃	김상삼(金象三)	영조 11년(1735) 을묘 11월	영조 13년(1737) 정사 6월
103	〃	김중채(金重采)	영조 13년(1737) 정사 9월	영조 14년(1738) 무오 11월
104	〃	유홍관(俞鴻觀)	영조 15년(1739) 기미 4월	영조 15년(1739) 기미 5월
105	〃	신명대(申命大)	영조 15년(1739) 기미 9월	영조 18년(1742) 임술 5월
106	〃	정흥채(鄭興采)	영조 18년(1742) 임술 5월	영조 19년(1743) 계해 10월
107	〃	이저(李著)	영조 20년(1744) 갑자 1월	영조 22년(1746) 병인 4월

연번	관직	이름	부임년월	이임년월
108	현감	김수 (金修)	영조 22년(1746) 병인 6월	영조 24년(1748) 무진 5월
109	〃	백댁인 (白宅仁)	영조 24년(1748) 무진 8월	영조 27년(1751) 신미 4월
110	〃	장봉의 (張鳳儀)	영조 27년(1751) 신미 4월	영조 27년(1751) 신미 5월
111	〃	이희춘 (李熙春)	영조 27년(1751) 신미 7월	영조 30년(1754) 갑술 5월
112	〃	박세원 (朴世源)	영조 30년(1754) 갑술 5월	영조 32년(1756) 병자 12월
113	〃	류일장 (柳一章)	영조 32년(1756) 병자 12월	영조 35년(1759) 기묘 7월
114	〃	조경수 (曺敬修)	영조 35년(1759) 기묘 7월	영조 38년(1762) 임오 4월
115	〃	최종신 (崔宗信)	영조 38년(1762) 임오 4월	영조 39년(1763) 계미 9월
116	〃	권상진 (權尙鎭)	영조 39년(1763) 계미 9월	영조 41년(1765) 을유 6월
117	〃	김영 (金瑛)	영조 41년(1765) 을유 6월	영조 43년(1767) 정해 4월
118	〃	송익채 (宋益彩)	영조 43년(1767) 정해 6월	영조 46년(1770) 경인 5월
119	〃	이관 (李寬)	영조 46년(1770) 경인 5월	영조 49년(1773) 계사 4월
120	〃	안상철 (安相徹)	영조 49년(1773) 계사 4월	영조 50년(1774) 갑오 10월
121	〃	한동악 (韓東岳)	영조 51년(1775) 을미 4월	정조 원년(1776) 병신 9월
122	〃	김도혁 (金道赫)	정조 원년(1776) 병신 9월	정조 2년(1778) 무술 7월
123	〃	김중옥 (金重玉)	정조 2년(1778) 무술 9월	정조 4년(1780) 경자 2월
124	〃	나윤록 (羅潤祿)	정조 4년(1780) 경자 6월	정조 5년(1781) 신축 7월
125	〃	이양재 (李亮載)	정조 5년(1781) 신축 7월	정조 6년(1782) 임인 4월

연번	관직	이름	부임년월	이임년월
126	현감	박재연 (朴載淵)	정조 6년(1782) 임인 6월	정조 8년(1784) 갑진 5월
127	〃	박상춘 (朴尙春)	정조 8년(1784) 갑진 5월	정조 9년(1785) 을사 12월
128	〃	홍계선 (洪繼善)	정조 10년(1786) 병오 4월	정조 11년(1787) 정미 11월
129	〃	장한철 (張漢喆)	정조 12년(1788) 무신 2월	정조 12년(1788) 무신 10월
130	〃	심석 (沈錫)	정조 13년(1789) 기유 1월	정조 15년(1791) 신해 2월
131	〃	이인신 (李應臣)	정조 15년(1791) 신해 2월	정조 16년(1792) 임자 5월
132	〃	정운제 (鄭運躋)	정조 16년(1792) 임자 7월	정조 19년(1795) 을묘 6월
133	〃	고한록 (高漢祿)	정조 19년(1795) 을묘 6월	정조 22년(1798) 무오 2월
134	〃	홍삼필 (洪三弼)	정조 22년(1798) 무오 2월	정조 22년(1798) 무오 12월
135	〃	부종인 (夫宗仁)	정조 23년(1799) 기미 1월	순조 1년(1801) 신유 8월
136	〃	이흡 (李熻)	순조 1년(1801) 신유 8월	순조 4년(1804) 갑자 2월
137	〃	김필룡 (金弼龍)	순조 4년(1804) 갑자 3월	순조 5년(1805) 을축 6월
138	〃	이택관 (李宅觀)	순조 5년(1805) 을축 8월	순조 6년(1806) 병인 4월
139	〃	원상요 (元相堯)	순조 6년(1806) 병인 7월	순조 9년(1809) 기사 1월
140	〃	한길모 (韓吉謨)	순조 9년(1809) 기사 1월	순조 10년(1810) 경오 11월
141	〃	변경붕 (邊景鵬)	순조 10년(1810) 경오 12월	순조 13년(1813) 계유 8월
142	〃	백사건 (白師建)	순조 13년(1813) 계유 8월	순조 14년(1814) 갑술 9월
143	〃	모달겸 (牟達兼)	순조 14년(1814) 갑술 9월	순조 17년(1817) 정축 6월

연번	관직	이름	부임년월	이임년월
144	현감	김인택 (金仁澤)	순조 17년(1817) 정축 6월	순조 20년(1820) 경진 4월
145	〃	고창빈 (高昌彬)	순조 20년(1820) 경진 4월	순조 22년(1822) 임오 4월
146	〃	김지태 (金持泰)	순조 22년(1822) 임오 5월	순조 23년(1823) 계미 2월
147	〃	부사민 (夫士敏)	순조 23년(1823) 계미 2월	순조 25년(1825) 을유 2월
148	〃	김재호 (金在浩)	순조 25년(1825) 을유 2월	순조 27년(1827) 정해 2월
149	〃	박상률 (朴尙律)	순조 27년(1827) 정해 2월	순조 29년(1829) 기축 8월
150	〃	정상교 (丁庠敎)	순조 29년(1829) 기축 8월	순조 31년(1831) 신묘 2월
151	〃	홍여일 (洪麗一)	순조 31년(1831) 신묘 2월	순조 32년(1832) 임진 8월
152	〃	김유 (金柔)	순조 32년(1832) 임진 10월	순조 34년(1834) 갑오 2월
153	〃	장시열 (張時悅)	순조 34년(1834) 갑오 6월	헌종 2년(1836) 병신 1월
154	〃	안윤경 (安允璟)	헌종 2년(1836) 병신 4월	헌종 4년(1838) 무술 8월
155	〃	정귀룡 (鄭貴龍)	헌종 4년(1838) 무술 8월	헌종 6년(1840) 경자 6월
156	〃	강계우 (姜繼遇)	헌종 6년(1840) 경자 8월	헌종 7년(1841) 신축 3월
157	〃	고성규 (高性奎)	헌종 7년(1841) 신축 3월	헌종 7년(1841) 신축 6월
158	〃	안윤항 (安允沆)	헌종 7년(1841) 신축 7월	헌종 8년(1842) 임인 8월
159	〃	지약연 (池若淵)	헌종 8년(1842) 임인 9월	헌종 11년(1845) 을사 2월
160	〃	한정일 (韓挺馹)	헌종 11년(1845) 을사 2월	헌종 13년(1847) 정미 8월
161	〃	김시원 (金始遠)	헌종 13년(1847) 정미 8월	철종 1년(1850) 경술 2월

연번	관직	이름	부임년월	이임년월
162	현감	원석중 (元錫重)	철종 1년(1850) 경술 2월	철종 3년(1852) 임자 8월
163	〃	윤원 (尹瑗)	철종 3년(1852) 임자 8월	철종 6년(1855) 을묘 2월
164	〃	신상흠 (愼尙欽)	철종 6년(1855) 을묘 3월	철종 8년(1857) 정사 1월
165	〃	강이진 (康履鎭)	철종 8년(1857) 정사 2월	철종 9년(1858) 무오 3월
166	〃	김기휴 (金沂休)	철종 9년(1858) 무오 3월	철종 10년(1859) 기미 12월
167	〃	신성흠 (愼性欽)	철종 11년(1860) 경신 3월	철종 13년(1862) 임술 8월
168	〃	강이진 (康履鎭)	철종 13년(1862) 임술 8월	고종 2년(1865) 을축 3월
169	〃	한홍일 (韓弘一)	고종 2년(1865) 을축 3월	고종 4년(1867) 정묘 8월
170	〃	강우진 (康祐鎭)	고종 4년(1867) 정묘 8월	고종 5년(1868) 무진 5월
171	〃	성교수 (成喬修)	고종 5년(1868) 무진 7월	고종 7년(1870) 경오 9월
172	〃	김몽구 (金夢求)	고종 7년(1870) 경오 9월	고종 10년(1873) 계유 1월
173	〃	장덕오 (張德五)	고종 10년(1873) 계유 2월	고종 12년(1875) 을해 9월
174	〃	이우식 (李友植)	고종 12년(1875) 을해 9월	고종 15년(1878) 무인 2월
175	〃	강진원 (姜鎭元)	고종 15년(1878) 무인 2월	고종 17년(1880) 경진 9월
176	〃	강재오 (康在五)	고종 17년(1880) 경진 9월	고종 19년(1882) 임오 5월
177	〃	신재호 (愼哉祜)	고종 19년(1882) 임오 5월	고종 20년(1883) 계미 4월
178	〃	김규임 (金圭任)	고종 20년(1883) 계미 4월	고종 21년(1884) 갑신 5월
179	〃	고용진 (高龍振)	고종 21년(1884) 갑신 5월	고종 22년(1885) 을유 5월

연번	관직	이름	부임년월	이임년월
180	현감	윤정식 (尹正植)	고종 22년(1885) 을유 5월	고종 23년(1886) 병술 5월
181	〃	김기성 (金基成)	고종 23년(1886) 병술 5월	고종 23년(1886) 병술 6월
182	〃	전맹술 (全孟述)	고종 23년(1886) 병술 12월	고종 24년(1887) 정해 6월
183	〃	은덕중 (殷德中)	고종 24년(1887) 정해 6월	고종 24년(1887) 정해 8월
184	〃	윤정식 (尹正植)	고종 24년(1887) 정해 8월	고종 25년(1888) 무자 10월
185	〃	김진석 (金振錫)	고종 25년(1888) 무자 10월	고종 27년(1890) 경인 2월
186	〃	김적호 (金商澔)	고종 27년(1890) 경인 2월	고종 27년(1890) 경인 8월
183	〃	임동한 (林東漢)	고종 27년(1890) 경인 8월	고종 28년(1891) 신묘 4월
184	〃	서홍순 (徐弘淳)	고종 28년(1891) 신묘 4월	고종 28년(1891) 신묘 11월
185	〃	이재방 (李在邦)	고종 28년(1891) 신묘 11월	고종 29년(1892) 임진 4월
186	〃	하흥도 (河興道)	고종 29년(1892) 임진 4월	고종 30년(1893) 계사 5월
187	〃	송두옥 (宋斗玉)	고종 30년(1893) 계사 5월	고종 31년(1894) 갑오 2월
188	〃	이익제 (李益濟)	고종 31년(1894) 갑오 2월	고종 32년(1895) 을미 1월
189	〃	채구석 (蔡龜錫)	고종 32년(1895) 을미 1월	광무 2년(1898) 무술 3월
190	〃	신재호 (愼哉祜)	광무 2년(1898) 무술 3월	광무 3년(1899) 기해 6월
191	〃	채구석 (蔡龜錫)	광무 3년(1899) 기해 7월	광무 5년(1901) 신축 6월
192	〃	허철 (許撤)	광무 5년(1901) 신축 6월	광무 6년(1902) 임인 1월
193	〃	홍우원 (洪祐元)	광무 6년(1902) 임인 3월	광무 6년(1902) 임인 4월

연번	관직	이름	부임년월	이임년월
194	현감	김일현 (金一鉉)	광무 6년(1902) 임인 4월	광무 6년(1902) 임인 7월
195	〃	남만리 (南萬里)	광무 6년(1902) 임인 7월	융희 1년(1907) 정미 9월
196	〃	김종하 (金鍾河)	융희 1년(1907) 정미 7월	1912년 임자 6월
197	〃	최병칠 (崔秉七)	1912년 임자 6월	1913년 계축 3월
198	〃	고재열 (高在悅)	1913년 계축 3월	1913년 계축 12월

❖ 조선시대 정의현감 일람

연번	관직	이름	부임년월	이임년월
1	현감	이이 (李貽)	태종 16년(1416) 병신 9월	태종 17년(1417) 정유 7월
2	〃	송섬 (宋暹)	태종 17년(1417) 정유 7월	미상
3	〃	양맹지 (梁孟智)	세종 8년(1426) 병오	미상
4	〃	장집 (張戢)	세종 10년(1428) 무신	미상
5	〃	정유용 (鄭有容)	세종 연간	미상
6	〃	남유온 (南有溫)	세종 연간	미상
7	〃	문희석 (文禧碩)	세종 연간	미상
8	〃	이치 (李治)	세종 연간	미상
9	〃	신나동 (申羅同)	세종 연간	미상
10	〃	왕무 (王懋)	세종 연간	미상
11	〃	신희 (辛禧)	세종 연간	미상
12	〃	양세창 (梁世昌)	세종 연간	미상
13	〃	정구석 (鄭龜碩)	미상	미상
14	〃	윤언상 (尹彦祥)	미상	미상
15	〃	김경준 (金敬俊)	미상	미상
16	〃	임철중 (任鐵重)	미상	미상
17	〃	신계영 (申繼榮)	미상	미상

연번	관직	이름	부임년월	이임년월
18	현감	임백손(林百孫)	미상	미상
19	〃	노사종(盧嗣宗)	미상	미상
20	〃	김추(金樞)	미상	미상
21	〃	이섬(李暹)	성종 13년(1482) 임인	성종 14년(1483) 임인 8월
22	〃	채윤혜(蔡允惠)	미상	미상
23	〃	김종준(金從俊)	미상	미상
24	〃	가순(賈純)	미상	중종 33년(1538) 무술
25	〃	이인신(李仁伸)	미상	미상
26	〃	오하몽(吳下夢)	미상	미상
27	〃	노안(魯顔)	미상	미상
28	〃	소흡(蘇翕)	미상	미상
29	〃	김인(金仁)	미상	명종 7년(1552) 임자
30	〃	신지상(愼之祥)	미상	미상
31	〃	김수생(金壽生)	미상	미상
32	〃	최수장(崔水長)	명종 11년(1556) 병진 8월	명종 15년(1560) 경신 9월
33	〃	정붕(丁鵬)	명종 15년(1560) 경신 9월	명종 17년(1562) 임술 12월
34	〃	류희인(柳熙仁)	명종 18년(1563) 계해 1월	명종 18년(1563) 계해 10월
35	〃	김사물(金四勿)	명종 18년(1563) 계해 10월	명종 21년(1566) 병인 5월

연번	관직	이름	부임년월	이임년월
36	현감	정침 (鄭忱)	명종 21년(1566) 병인 5월	선조 1년(1568) 무진 12월
37	〃	이팽련 (李彭連)	선조 1년(1568) 무진 12월	선조 2년(1569) 기사 11월
38	〃	김우추 (金遇秋)	선조 3년(1570) 경오 2월	선조 5년(1572) 임신 5월
39	〃	이수헌 (李壽憲)	선조 5년(1572) 임신 8월	선조 8년(1575) 을해 3월
40	〃	정인개 (鄭仁槩)	선조 8년(1575) 을해 3월	선조 10년(1577) 정축 11월
41	〃	이응홍 (李應泓)	선조 10년(1577) 정축 11월	선조 13년(1580) 경진 4월
42	〃	이선형 (李善亨)	선조 13년(1580) 경진 6월	선조 16년(1583) 계미 3월
43	〃	장석명 (張錫命)	선조 16년(1583) 계미 3월	선조 18년(1585) 을유 11월
44	〃	김대이 (金大頤)	선조 18년(1585) 을유 11월	선조 19년(1586) 병술 6월
45	〃	이방좌 (李邦佐)	선조 19년(1586) 병술 7월	선조 22년(1589) 기축 4월
46	〃	안윤헌 (安潤獻)	선조 22년(1589) 기축 4월	선조 22년(1589) 기축 5월
47	〃	최기변 (崔琦玣)	선조 22년(1589) 기축 7월	선조 25년(1592) 임진 5월
48	〃	방덕룡 (方德龍)	선조 25년(1592) 임진 5월	선조 28년(1595) 을미 10월
49	〃	박형남 (朴亨男)	선조 28년(1595) 을미 11월	선조 31년(1598) 무술 11월
50	〃	이춘영 (李春榮)	선조 31년(1598) 무술 11월	선조 33년(1600) 경자 3월
51	〃	이연경 (李延慶)	선조 33년(1600) 경자 5월	선조 35년(1602) 임인 12월
52	〃	양호 (梁濩)	선조 35년(1602) 임인 12월	선조 38년(1605) 을사 6월
53	〃	한경원 (韓慶元)	선조 38년(1605) 을사 7월	선조 39년(1606) 병오 1월

연번	관직	이름	부임년월	이임년월
54	현감	채직 (蔡稷)	선조 39년(1606) 병오 1월	광해 원년(1608) 무신 9월
55	〃	이정경 (李禎慶)	광해 원년(1608) 무신 9월	광해 1년(1609) 기유 12월
56	〃	이유길 (李有吉)	광해 2년(1610) 경술 3월	광해 4년(1612) 임자 9월
57	〃	정흔 (鄭昕)	광해 4년(1612) 임자 11월	광해 7년(1615) 을묘 5월
58	〃	조양부 (趙良傅)	광해 7년(1615) 을묘 7월	광해 10년(1618) 무오 1월
59	〃	이담 (李憺)	광해 10년(1618) 무오 4월	광해 12년(1620) 경신 9월
60	〃	고부옥 (高傅沃)	광해 13년(1621) 신유 1월	광해 13년(1621) 신유 3월
61	〃	정박 (鄭鏄)	광해 13년(1621) 신유 8월	인조 원년(1623) 계해 1월
62	〃	황선신 (黃善身)	인조 원년(1623) 계해 7월	인조 1년(1624) 갑자 4월
63	〃	민영 (閔栐)	인조 1년(1624) 갑자 45	인조 3년(1626) 병인 11월
64	〃	오세장 (吳世章)	인조 4년(1627) 정묘 1월	인조 6년(1629) 기사 7월
65	〃	최인건 (崔仁健)	인조 6년(1629) 기사 8월	인조 9년(1632) 임신 2월
66	〃	정취도 (鄭就道)	인조 9년(1632) 임신 5월	인조 11년(1634) 갑술 10월
67	〃	신희승 (辛喜承)	인조 11년(1634) 갑술 12월	인조 14년(1637) 정축 5월
68	〃	김한일 (金漢一)	인조 14년(1637) 정축 7월	인조 16년(1639) 기묘 12월
69	〃	황녕 (黃寧)	인조 17년(1640) 경진 1월	인조 19년(1642) 임오 6월
70	〃	선홍원 (宣弘遠)	인조 19년(1642) 임오 8월	인조 21년(1644) 갑신 12월
71	〃	이석구 (李碩耉)	인조 22년(1645) 을유 2월	인조 23년(1646) 병술 4월

연번	관직	이름	부임년월	이임년월
72	현감	송익 (宋益)	인조 23년(1646) 병술 4월	인조 25년(1648) 무자 10월
73	〃	강승 (姜昇)	인조 25년(1648) 무자 10월	인조 26년(1649) 기축 0월
74	〃	안즙 (安緝)	인조 26년(1649) 기축 11월	효종 2년(1651) 신묘 1월
75	〃	이탁남 (李卓男)	효종 2년(1651) 신묘 4월	효종 3년(1652) 임진 4월
76	〃	남해우 (南海宇)	효종 3년(1652) 임진 6월	효종 5년(1654) 갑오 9월
77	〃	남중회 (南重晦)	효종 5년(1654) 갑오 9월	효종 7년(1656) 병신 12월
78	〃	안여공 (安汝玒)	효종 7년(1656) 병신 12월	효종 10년(1659) 기해 4월
79	〃	김익견 (金益堅)	효종 10년(1659) 기해 6월	현종 2년(1661) 신축 11월
80	〃	오상훈 (吳尙勳)	현종 2년(1661) 신축 12월	현종 3년(1662) 임인 10월
81	〃	임식 (任湜)	현종 4년(1663) 계묘 1월	현종 6년(1665) 을사 8월
82	〃	우여도 (禹汝道)	현종 6년(1665) 을사 8월	현종 9년(1668) 무신 5월
83	〃	김세익 (金世翊)	현종 9년(1668) 무신 5월	현종 9년(1668) 무신 11월
84	〃	최국성 (崔國成)	현종 10년(1669) 기유 3월	현종 10년(1669) 기유 5월
85	〃	이송로 (李松老)	현종 10년(1669) 기유 11월	현종 13년(1672) 임자 7월
86	〃	이지행 (李志行)	현종 13년(1672) 임자 7월	현종 15년(1674) 갑인 6월
87	〃	민최 (閔最)	현종 15년(1674) 갑인 9월	숙종 1년(1675) 을묘 10월
88	〃	상인첨 (尙仁詹)	숙종 1년(1675) 을묘 11월	숙종 4년(1678) 무오 4월
89	〃	이만지 (李萬持)	숙종 4년(1678) 무오 5월	숙종 5년(1679) 기미 7월

연번	관직	이름	부임년월	이임년월
90	현감	김성구 (金聲久)	숙종 5년(1679) 기미 7월	숙종 7년(1681) 신유 10월
91	〃	김응운 (金應運)	숙종 7년(1681) 신유 10월	숙종 10년(1684) 갑자 4월
92	〃	김하세 (金夏世)	숙종 10년(1684) 갑자 4월	숙종 12년(1686) 병인 9월
93	〃	박세길 (朴世佶)	숙종 12년(1686) 병인 9월	숙종 15년(1689) 기사 3월
94	〃	이태동 (李泰東)	숙종 15년(1689) 기사 3월	숙종 15년(1689) 기사 8월
95	〃	박제 (朴濟)	숙종 16년(1690) 경오 1월	숙종 18년(1692) 임신 7월
96	〃	신명백 (申命伯)	숙종 18년(1692) 임신 7월	숙종 21년(1695) 을해 3월
97	〃	신성원 (愼聖源)	숙종 21년(1695) 을해 3월	숙종 23년(1697) 정축 9월
98	〃	이한장 (李漢章)	숙종 23년(1697) 정축 9월	숙종 26년(1700) 경진 2월
99	〃	김익구 (金益九)	숙종 26년(1700) 경진 2월	숙종 28년(1702) 임오 7월
100	〃	박상하 (朴尙夏)	숙종 28년(1702) 임오 7월	숙종 31년(1705) 을유 3월
101	〃	홍우 (洪楀)	숙종 31년(1705) 을유 3월	숙종 32년(1706) 병술 5월
102	〃	심익삼 (沈益三)	숙종 32년(1706) 병술 9월	숙종 35년(1709) 기축 4월
103	〃	정동리 (鄭東里)	숙종 35년(1709) 기축 11월	숙종 37년(1711) 신묘 9월
104	〃	조명주 (趙命周)	숙종 37년(1711) 신묘 9월	숙종 39년(1713) 계사 8월
105	〃	김초보 (金楚寶)	숙종 39년(1713) 계사 10월	숙종 42년(1716) 병신 3월
106	〃	위혁만 (魏赫萬)	숙종 42년(1716) 병신 3월	숙종 44년(1718) 무술 4월
107	〃	송내백 (宋來栢)	숙종 44년(1718) 무술 4월	숙종 46년(1720) 경자 11월

연번	관직	이름	부임년월	이임년월
108	현감	고중명 (高重明)	숙종 46년(1720) 경자 11월	경종 1년(1721) 신축 5월
109	〃	김세형 (金世衡)	경종 1년(1721) 신축 5월	경종 3년(1723) 계묘 10월
110	〃	강우량 (康友諒)	경종 3년(1723) 계묘 10월	경종 4년(1724) 갑진 4월
111	〃	고효원 (高效元)	경종 4년(1724) 갑진 8월	영조 1년(1725) 을사 12월
112	〃	박양검 (朴良儉)	영조 2년(1726) 병오 5월	영조 3년(1727) 정미 6월
113	〃	채인해 (蔡仁海)	영조 3년(1727) 정미 9월	영조 4년(1728) 무신 6월
114	〃	상시창 (尙時昌)	영조 4년(1728) 무신 10월	영조 5년(1729) 기유 7월
115	〃	이명석 (李明錫)	영조 5년(1729) 기유 8월	영조 6년(1730) 경술 10월
116	〃	권혁 (權赫)	영조 6년(1730) 경술 10월	영조 6년(1730) 경술 11월
117	〃	이명석 (李明錫)	영조 7년(1731) 신해 1월	영조 8년(1732) 임자 5월
118	〃	송우성 (宋遇聖)	영조 8년(1732) 임자 8월	영조 9년(1733) 계축 8월
119	〃	박규환 (朴奎煥)	영조 10년(1734) 갑인 1월	영조 11년(1735) 을묘 7월
120	〃	허승 (許昇)	영조 11년(1735) 을묘 10월	영조 13년(1737) 정사 9월
121	〃	김정봉 (金廷鳳)	영조 14년(1738) 무오 3월	영조 14년(1738) 무오 6월
122	〃	나억령 (羅億齡)	영조 14년(1738) 무오 10월	영조 16년(1740) 경신 5월
123	〃	김적환 (金商煥)	영조 16년(1740) 경신 8월	영조 18년(1742) 임술 12월
124	〃	홍언석 (洪彦奭)	영조 18년(1742) 임술 12월	영조 21년(1745) 을축 8월
125	〃	박인보 (朴寅輔)	영조 21년(1745) 을축 8월	영조 23년(1747) 정묘 1월

연번	관직	이름	부임년월	이임년월
126	현감	김운 (金運)	영조 23년(1747) 정묘 1월	영조 24년(1748) 무진 7월
127	〃	하대윤 (河大潤)	영조 24년(1748) 무진 9월	영조 25년(1749) 기사 1월
128	〃	노현학 (盧賢鶴)	영조 25년(1749) 기사 5월	영조 27년(1751) 신미 3월
129	〃	여우주 (呂遇周)	영조 27년(1751) 신미 7월	영조 30년(1754) 갑술 2월
130	〃	정계주 (鄭啓周)	영조 30년(1754) 갑술 11월	영조 32년(1756) 병자 9월
131	〃	윤신흥 (尹辛興)	영조 32년(1756) 병자 11월	영조 34년(1758) 무인 10월
132	〃	이수덕 (李壽德)	영조 34년(1758) 무인 10월	영조 35년(1759) 기묘 3월
133	〃	박규오 (朴奎五)	영조 35년(1759) 기묘 3월	영조 37년(1761) 신사 3월
134	〃	박명구 (朴命球)	영조 37년(1761) 신사 8월	영조 38년(1762) 임오 9월
135	〃	이형도 (李亨道)	영조 38년(1762) 임오 11월	영조 39년(1763) 계미 9월
136	〃	조세선 (趙世選)	영조 39년(1763) 계미 9월	영조 40년(1764) 갑신 4월
137	〃	최범중 (崔範重)	영조 40년(1764) 갑신 4월	영조 43년(1767) 정해
138	〃	전백령 (全柏齡)	영조 43년(1767) 정해 2월	영조 44년(1768) 무자 6월
139	〃	류집 (柳潗)	영조 44년(1768) 무자 9월	영조 45년(1769) 기축 7월
140	〃	이윤급 (李胤伋)	영조 45년(1769) 기축 8월	(부임 도중 사망)
141	〃	문명구 (文命龜)	영조 45년(1769) 기축 9월	영조 47년(1771) 신묘 6월
142	〃	하용주 (河龍珠)	영조 47년(1771) 신묘 7월	영조 47년(1771) 신묘 9월
143	〃	류익성 (柳翼星)	영조 47년(1771) 신묘 9월	영조 49년(1773) 계사 11월

연번	관직	이름	부임년월	이임년월
144	현감	임광현 (任光鉉)	영조 50년(1774) 갑오 3월	정조 원년(1776) 병신 9월
145	〃	허견 (許堅)	정조 원년(1776) 병신 9월	정조 3년(1779) 기해 3월
146	〃	송중현 (宋重鉉)	정조 3년(1779) 기해 3월	정조 5년(1781) 신축 5월
147	〃	이우진 (李羽晉)	정조 5년(1781) 신축 7월	정조 5년(1781) 신축 12월
148	〃	이장익 (李長益)	정조 6년(1782) 임인 2월	선조 8년(1784) 갑진 8월
149	〃	이갑룡 (李甲龍)	정조 8년(1784) 갑진 8월	정조 11년(1787) 정미 8월
150	〃	오윤국 (吳允國)	정조 11년(1787) 정미 7월	정조 12년(1788) 무신 8월
151	〃	신대년 (申大秊)	정조 12년(1788) 무신 8월	정조 12년(1788) 무신 12월
152	〃	조원순 (趙元珣)	정조 12년(1788) 무신 12월	정조 15년(1791) 신해 2월
153	〃	허식 (許湜)	정조 15년(1791) 신해 2월	정조 17년(1793) 계축 7월
154	〃	고한록 (高漢祿)	정조 17년(1793) 계축 7월	정조 17년(1793) 계축 12월
155	〃	남수 (南涑)	정조 17년(1793) 계축 12월	정조 19년(1795) 을묘 9월
156	〃	홍상오 (洪相五)	정조 19년(1795) 을묘 9월	정조 22년(1798) 무오 1월
157	〃	문약연 (文躍淵)	정조 22년(1798) 무오 1월	정조 23년(1799) 기미 10월
158	〃	김사철 (金思喆)	정조 23년(1799) 기미 10월	순조 2년(1802) 임술 2월
159	〃	정중록 (鄭重祿)	순조 2년(1802) 임술 2월	순조 3년(1803) 계해 8월
160	〃	박종림 (朴宗林)	순조 3년(1803) 계해 8월	순조 6년(1806) 병인 2월
161	〃	변경우 (邊景祐)	순조 6년(1806) 병인 2월	순조 8년(1808) 무진 7월

연번	관직	이름	부임년월	이임년월
162	현감	여철영 (呂喆永)	순조 8년(1808) 무진 7월	순조 10년(1810) 경오 2월
163	〃	노상희 (盧尙熙)	순조 10년(1810) 경오 2월	순조 12년(1812) 임신 8월
164	〃	권취일 (權就一)	순조 12년(1812) 임신 8월	순조 14년(1814) 갑술 4월
165	〃	이종덕 (李種德)	순조 14년(1814) 갑술 4월	순조 15년(1815) 을해 9월
166	〃	이언무 (李彦懋)	순조 15년(1815) 을해 9월	순조 18년(1818) 무인 2월
167	〃	박사렴 (朴師濂)	순조 18년(1818) 무인 2월	순조 20년(1820) 경진 6월
168	〃	구영석 (具齡錫)	순조 20년(1820) 경진 6월	순조 23년(1823) 계미 2월
169	〃	김계중 (金繼重)	순조 23년(1823) 계미 3월	순조 25년(1825) 을유 5월
170	〃	강연 (康挻)	순조 25년(1825) 을유 5월	순조 27년(1827) 을유 10월
171	〃	류가균 (柳可均)	순조 27년(1827) 을유 10월	순조 29년(1829) 기축 6월
172	〃	박종묵 (朴宗默)	순조 29년(1829) 기축 7월	순조 31년(1831) 신묘 12월
173	〃	안윤경 (安允璟)	순조 31년(1831) 신묘 12월	순조 33년(1833) 계사 8월
174	〃	김진원 (金鎭元)	순조 33년(1833) 계사 8월	헌종 1년(1835) 을미 6월
175	〃	길현범 (吉顯範)	헌종 1년(1835) 을미 6월	헌종 3년(1837) 정유 2월
176	〃	안의석 (安義錫)	헌종 3년(1837) 정유 2월	헌종 5년(1839) 기해 8월
177	〃	신상흠 (愼尙欽)	헌종 5년(1839) 기해 8월	헌종 8년(1842) 임인 3월
178	〃	장두형 (張斗衡)	헌종 8년(1842) 임인 3월	헌종 10년(1844) 갑진 8월
179	〃	임수룡 (任秀龍)	헌종 10년(1844) 갑진 8월	헌종 11년(1845) 을사 9월

연번	관직	이름	부임년월	이임년월
180	현감	이동규 (李東奎)	헌종 11년(1845) 을사 10월	헌종 14년(1848) 무신 2월
181	〃	강이호 (康履昊)	헌종 14년(1848) 무신 2월	헌종 14년(1848) 무신 6월
182	〃	김종관 (金鐘輨)	헌종 14년(1848) 무신 6월	미상
183	〃	구병우 (具秉愚)	미상	미상
184	〃	김기유 (金沂有)	헌종 15년(1849) 기유	미상
185	〃	강이철 (康履綴)	미상	미상
186	〃	김기행 (金沂行)	철종 4년(1853) 계축	미상
183	〃	이언길 (李彦吉)	미상	미상
184	〃	강만식 (康萬植)	철종 11년(1860) 경신	미상
185	〃	여은섭 (呂殷燮)	미상	미상
186	〃	이기혁 (李基赫)	미상	미상
187	〃	이병한 (李秉漢)	미상	미상
188	〃	홍준모 (洪俊模)	미상	미상
189	〃	강우진 (康祐鎭)	미상	미상
190	〃	김의성 (金義性)	미상	미상
191	〃	성정호 (成定鎬)	미상	미상
192	〃	이우식 (李友植)	고종 17년(1880) 경진	미상
193	〃	홍재진 (洪在晉)	미상	미상

연번	관직	이름	부임년월	이임년월
194	현감	방우량 (龐友亮)	미상	미상
195	〃	강학수 (康鶴守)	미상	미상
196	〃	고계정 (高啓正)	고종 22년(1885) 을유	미상
197	〃	류익증 (柳益增)	미상	미상
198	〃	김종태 (金鍾泰)	미상	미상
199	〃	남계장 (南啓章)	미상	미상
200	〃	고윤모 (高允模)	미상	미상
201	〃	홍재한 (洪在翰)	미상	미상
202	〃	고명철 (高明哲)	미상	미상
203	〃	이영재 (李榮載)	미상	미상
204	〃	마종문 (馬鍾文)	미상	미상
205	〃	송두옥 (宋斗玉)	미상	미상
206	〃	김문주 (金文株)	미상	미상
207	〃	임학주 (林鶴周)	미상	미상
208	〃	김응평 (金膺平)	고종 29년(1892) 임진	미상
209	〃	홍재심 (洪在深)	미상	미상
210	〃	김응병 (金膺柄)	고종 31년(1894) 갑오	미상
211	〃	성준호 (成俊鎬)	고종 32년(1895) 을미 1월	건양 1년(1896) 병신 11월

연번	관직	이름	부임년월	이임년월
212	현감	강인호 (康仁鎬)	건양 1년(1896) 병신 11월	광무 3년(1899) 기해 2월
213	〃	김재용 (金在鏞)	광무 3년(1899) 기해 2월	광무 5년(1901) 신축 2월
214	〃	김희수 (金熙靑)	광무 5년(1901) 신축 2월	광무 5년(1901) 신축 6월
215	〃	유긍환 (俞兢煥)	광무 5년(1901) 신축 6월	광무 6년(1902) 임인 8월
216	〃	채수강 (蔡洙康)	광무 6년(1902) 임인 8월	융희 2년(1908) 무신 3월
217	〃	장용견 (張容堅)	융희 2년(1908) 무신 3월	1910년 경술 2월
218	〃	김면수 (金冕秀)	1910년 경술 2월	1913년 계축 12월

참고문헌

『三國史記』『高麗史』『高麗史節要』

『孟子』『經濟六典』『太學志』

『太祖實錄』『世宗實錄』『宣祖實錄』

『東國李相國集』『增補文獻備考』『新增東國輿地勝覽』

『東文選』『山林經濟』『耽羅志』

『耽羅紀年』『增補耽羅誌』

國立文化財研究所,『釋奠大祭』, 1998

國立文化財研究所,『鄕校釋奠』, 2010

太學志飜譯事業會,『國譯 太學志』, 成均館, 1994

柳承國,『韓國儒學史』, 儒學文化研究所, 2008

제주향교,『제주향교지』, 2000

대정향교,『대정향교지』, 2006

정의향교,『증보전례편람』, 2003

朝鮮總督府,『地方文廟一覽』, 1924

朝鮮總督府,『朝鮮敎育要覽』, 1926

吳錫源,『儒敎와 韓國儒學』, 成均館大學校 出版部, 2014

국립문화재연구소,『향교석전(전주향교·제주향교)』, 2010

국립문화재연구소,『서원향사(소수서원·도산서원)』, 2011

姜大敏,『韓國의 鄕校硏究』, 慶星大學校 出版部, 1992

濟州儒脈六百年史編纂委員會,『濟州儒脈六百年史』, 1997

吳文福,『旌義郡誌』, 南濟州文化院, 2005

강길중,『중국의 역사와 문화』, 경상대학교 출판부, 2013

박왕희,『韓國의 鄕校建築』, 文化財廳, 1998

濟州儒林要覽編纂委員會,『濟州儒林要覽』, 1986

濟州道,『濟州의 文化財』, 1982

濟州道,『濟州道文化財 및 遺跡 綜合調査報告書』, 1973

南濟州郡,『南濟州郡의 文化遺蹟』, 1996

제주시,『제주시의 옛터』, 1996

池泰承,「濟州地域 鄕校의 造營的 特性에 關한 硏究」, 2008

朴贊洙,「高麗時代 敎育制度史 硏究」, 景仁文化社, 2002

김순석,「태동고전연구 제33집」, 일제강점기「향교재산관리규칙연구」, 2014

韓國國學振興院,『韓國儒學思想大系』, 2007

제주연구원 제주학연구센터,『제주학개론』, 2017

金日宇,「高麗時代와 朝鮮 初期 濟州道 地域의 行政單位 變遷」, 2007

이정빈,「한국교육사학 제36권」,「고구려 태학 설립의 배경과 성격」, 2014

도현철,「조선의 건국과 유교문화의 확대」, 2004

양진건,『그 섬에 유배된 사람들』, 문학과지성사, 1999

尹張燮,『韓國의 建築』, 서울大學校 出版部, 2002

金日宇,「高麗時代 耽羅史 硏究」, 圖書出版 新書苑, 2008

吳昌命,『濟州道 마을 이름의 綜合的 硏究 Ⅱ』, 2007

南濟州郡,『南濟州 通卷 第42號』, 2001

濟州道,『濟州民俗遺跡』, 1997

玄容駿,『濟州道 傳說』, 瑞文堂, 2016

색인

【ㄱ】

가례집람(家禮輯覽)	47
가림사(加林寺)	80
갑오개혁(甲午改革)	23
강릉향교(江陵鄕校)	25, 29, 122, 199
강사공(姜師孔)	136, 156
객사(客舍)	125, 173, 180
경의(敬義)	82, 121
경재소(京在所)	133
경학과(經學科)	24
경학원(經學院)	25
계문(啓聞)	166, 167, 168, 171
계수관(界首官)	28, 60, 61
계원필경(桂苑筆耕)	42
고려도경(高麗圖經)	17
고자견(高自堅)	21, 56
고조기(高兆基)	21
곡부(曲阜)	13, 34
공맹(孔孟)	10
공맹학(孔孟學)	12
공자세가(孔子世家)	34
관덕정(觀德亭)	82, 118, 145
광한루(廣寒樓)	117
교궁(敎宮)	14
교수(敎授)	21, 54
교수관(敎授官)	54, 75, 76, 78, 133
구당서(舊唐書)	63
구한말(舊韓末)	68
국자감(國子監)	17
국학(國學)	14, 15, 16, 22
귤림서원(橘林書院)	48
근민헌(近民軒)	175
금산(琴山)	130
금산전투(錦山戰鬪)	48
기신일(忌辰日)	52
기호학파(畿湖學派)	48
김종직(金宗直)	44
김처례(金處禮)	77

【ㄴ】

남사록(南槎錄)	62, 130, 172
남사일록(南槎日錄)	171
노상희(盧尙熙)	173
논어(論語)	11, 16, 35, 36, 156
능주향교(綾州鄕校)	78, 202

【ㄷ】

단산(簞山)	154
단성향교(丹城鄕校)	154, 205
단심가(丹心歌)	44
담라(儋羅)	63
대도호부(大都護府)	28, 29, 65
대명률(大明律)	51
대문구문화(大汶口文化)	115
대설위(大設位)	28
대정군(大靜郡)	68, 69
대촌현(大村縣)	167
도유사(都有司)	54
도평의사사(都評議使司)	75
동도(東道)	64, 130, 162, 167, 168
동정문(東正門)	136
동춘당집(同春堂集)	49
동호문답(東湖問答)	46

【ㅁ】

마추픽추(Machu Picchu)	102
말갈(靺鞨)	63
망분향례(望焚香禮)	51
맹자(孟子)	12, 13, 20, 31, 34, 95
명리학(命理學)	38, 40
명월대(明月臺)	91
모슬봉(摹瑟峯)	130
모혈(毛血)	53
묘학동궁(廟學同宮)	60, 80, 155
무신정권기(武臣政權期)	21
무오사화(戊午士禍)	44
문묘제례악(文廟祭禮樂)	53
문선왕(文宣王)	33
문적(文籍)	173
밀직부사(密直副使)	43

【ㅂ】

박사관(博士官)	17
반차도(班次圖)	30
백운동서원(白雲洞書院)	23, 43
백호(百戶)	76, 168
법원사(法源寺)	138
법화당(法華堂)	101
벽사(壁邪)	108
벽서(壁書)사건	45
변경붕(邊景鵬)	149
병마수군절제사(兵馬水軍節制使)	78
복설(復設)	175
부군제(府郡制)	68
부정(不淨)	98
북벌론(北伐論)	48
빈공과(賓貢科)	42

【ㅅ】

사단칠정론(四端七情論)	47
사령(四靈)	184
사마시(司馬試)	44, 55
사부학당(四部學堂)	16
사분변작(四分變作)	118
사서삼경(四書三經)	11, 55
사서오경(四書五經)	11, 55
삭분향례(朔焚香禮)	51
산동성(山東省)	13, 34
산림경제(山林經濟)	132
산목쌓기(算木積み)	102
삼강(三綱)	189
삼국지(三國志)	10
삼례의(三禮儀)	51
삼봉집(三峰集)	22
상서(尙書)	16
상신일(上申日)	27
상유일(上酉日)	27
상정일(上丁日)	52
상정제(上丁祭)	52
생원시(生員試)	55
서당전(書堂田)	174
서도(西道)	64, 130, 162, 168
서원철폐령(書院撤廢令)	23
석전제(釋奠祭)	24
선성전(宣聖殿)	17
섭라(涉羅)	63
성명(誠明)	82, 121
성학집요(聖學輯要)	46
세한도(歲寒圖)	136, 137, 151
소설위(小設位)	28
소수서원(紹修書院)	23, 30, 43
소학동자(小學童子)	44
송신례(送神禮)	53
수기치인(修己治人)	10, 20
수령칠사(守令七事)	54
수선당(首善堂)	73, 122, 176
수호사(守護舍)	176
숙량흘(叔梁紇)	13
순자(荀子)	13, 37
숭보당(崇報堂)	97

시경(詩經)	12, 16		유도회(儒道會)	29
신도(神道)	72, 112, 141, 178		유사석전(有司釋奠)	53
신안주희서(新安朱熹書)	122		율곡학(栗谷學)	12
			음복례(飮福禮)	52
【ㅇ】			읍호(邑號)	64
아헌례(亞獻禮)	52		응유(鷹遊)	63
안징재(顔徵在)	13		의리학(義理學)	12
안향(安珦)	12, 21, 23		의성향교(義城鄕校)	60, 203
앙코르와트(Angkor Wat)	146		의정부(議政府)	168
액내생(額內生)	157		의창(義倉)	43
액외생(額外生)	157		이기철학(理氣哲學)	40
양로연(養老宴)	57		이기호발설(理氣互發說)	45, 46
양명학(陽明學)	12		이방원(李芳遠)	44
양성하(梁聖夏)	163		이색(李穡)	18
양주향교(楊州鄕校)	101, 198		이세화묘지명(李世華墓誌銘)	15
언양향교(彦陽鄕校)	60, 198		이원진(李元鎭)	132
여씨춘추(呂氏春秋)	38		이학(理學)	12
여적(女狄)	63		익사(翼舍)	121, 122, 124
영주(瀛洲)	63		인천향교(仁川鄕校)	101, 198
예기(禮記)	16		일본서기(日本書紀)	16
예래(猊來)	65		임신서기석(壬申誓記石)	16
예맥(穢貊)	63			
예서(禮書)	41, 47		**【ㅈ】**	
예악(禮樂)	37		장의회(掌議會)	24
예조정랑(禮曹正郎)	43		장인식(張寅植)	173, 174, 221
예현방(禮賢坊)	17		전패(殿牌)	180, 184
오경박사(五經博士)	16		전패이안기(殿牌移安記)	180
오륜(五倫)	189		전향문(傳香門)	135
오부학당(五部學堂)	43		정명도(程明道)	61
오성(五聖)	72, 93		정몽주(鄭夢周)	22
오언칠언금체시(五言七言今體詩)	42		정의군(旌義郡)	68, 69
오재복(吳在福)	156		정의진(旌義鎭)	170
오죽헌(烏竹軒)	46		정이천(程伊川)	61
옥녀탄금형(玉女彈琴形)	130		정주학(程朱學)	12
와편(瓦片)	125		정주학파(程朱學派)	39
용방록(龍枋錄)	122		제궁(齊宮)	14
우암집(尤菴集)	49		제주군(濟州郡)	68, 69
위만조선(衛滿朝鮮)	10		제주목도성지도(濟州牧都城之圖)	84

제주목성(濟州牧城)	72	추사전별도(秋史餞別圖)	139
제주부(濟州府)	68	추사체(秋史體)	137
조선교육령(朝鮮敎育令)	24	춘추(春秋)	12, 17
종헌례(終獻禮)	52	춘추전국시대(春秋戰國時代)	10
좌찬성(左贊成)	45	출척(黜陟)	168, 169
주기론(主氣論)	46		
주리설(主理說)	45	【ㅌ】	
주문공(朱文公)	61	탁라(托羅)	63
주염계(周濂溪)	61	탄강일(誕降日)	52
주유열국(周遊列國)	36	탄현문(炭峴門)	18
주자서절요(朱子書節要)	45	탐라국(耽羅國)	21, 63
주자전서(朱子全書)	12	탐라성주(耽羅星主)	21, 56
주자학(朱子學)	10, 12, 40	탐라총관부(耽羅摠管府)	64
주작(朱雀)	132	탐모라국(耽牟羅國)	63
주칠(朱漆)	119	탐부라(耽浮羅)	63
주학년(朱鶴年)	138	태극도설(太極圖說)	38
주현석전(州縣釋奠)	53	태학지(太學志)	78
중설위(中設位)	28, 41	토산(兎山)	169, 170
중용(中庸)	12, 34	퇴출문(退出門)	135
중추(中秋)	52		
중춘(中春)	52	【ㅍ】	
중화족(漢族)	11	판비서성사(判秘書省事)	64
지남익(池南翼)	64		
진사시(進士試)	40, 55	【ㅎ】	
진채(眞彩)	119	하남성(河南省)	36, 39
		하여가(何如歌)	44
【ㅊ】		학궁(學宮)	14
차부(箚付)	76	학장(學長)	54
채난재(採暖材)	152	학전(學田)	22
천목산(天目山)	88	항파두성(缸坡頭城)	165
천호(千戶)	75, 76, 168	해청당(海淸堂)	99
철변두(徹籩豆)	53	행단정(杏壇亭)	89
청금록(靑衿錄)	157	향교가음(鄕校家音)	164
청룡(靑龍)	132	향교중수비(鄕校重修碑)	85
청룡사(靑龍寺)	143	향사례(鄕射禮)	57
청산향교(靑山鄕校)	60, 200	향음주례(鄕飮酒禮)	57
청풍향교(淸風鄕校)	101, 200	헌관(獻官)	56, 96
최척경(崔陟卿)	64	현촌(縣村)	64

홀기(笏記)	52	효경(孝經)	16, 34
홍로(烘爐)	65	후한서(後漢書)	63
홍만선(洪萬選)	132	훈도(訓導)	54, 76
홍중징(洪重徵)	157	훈요 10조(訓要十條)	20
화엄사(華嚴寺)	143	휘주무원(徽州婺原)	40
화왕계(花王戒)	41	흥선대원군(興宣大院君)	23
화원동(化源洞)	171, 174	히로부미(伊藤博文)	69